Tales Fae The Doric Side

An anthology of new writing in Doric/North-East Scots

Doric
Books

Doric Books
www.doricbooks.com
Copyright © 2023
All rights reserved.

This anthology was created in collaboration with Doric Books, The Friends of Elphinstone Institute, Jo Gilbert and The Elphinstone Institute, University of Aberdeen. The project was funded by Aberdeen City Council Creative Funding.

Anthology panel: Sheena Blackhall, Mae Diansangu, Jo Gilbert & Shane Strachan. Contact: jogilbertwriter@gmail.com

ISBN: 978-1-8384939-6-7

Cover Design and Artwork: Aaron Gale and Olivia More

Printed by: McKenzie Print Ltd, Dyce, Aberdeen. AB21 7GA

Printed on paper from responsible sources.

For aabody fa keeps spikkin an scrievin
– especially fan they were telt nae tae.

Contents

A muckle great thank ye tae fowk fa pre-ordered a copy
o iss buik tae donate tae a school:

Amanda Adam

Alan Bisset

John Ledger

Jim Marnoch

Brian P McInnes

Nicola Furrie Murphy

George Philip

Introduction

Jo Gilbert

Afore aathin else, iss book wis made fae a love o oor language. There's a musicality an expressiveness tae it that aa love, an particular wirds that dinnae exist in ither forms o Scots. An though we're a wyes aff fae ony kin o standardisation, here's folk spikkin, scrievin an creatin in it, despite years o bein telt nae tae. At in itsel spikks volumes.

As wae maist creative hings, iss project arose fae a conversation. Jo Gilbert met up wae teachers an ithers wirkin in an aroon Scots. Through a series o blethers, a lack o contemporary wirk suitable for aulder students in Doric wis identified, sparkin iss idea for an anthology o spleet new writin.

Oor project hid twa main goals – tae create paid opportunities for established an emergin scrievers tae mak new wirk an get it published. The second wis tae create a companion pamphlet tae ging along wae the anthology, comprisin o questions an activities that teachers kin use in their Scots language wirk. The companion pamphlet wis creatit bi Dr Dawn Leslie.

Led bi poet an writer Jo Gilbert, the anthology panel wis made up o established local writers – the North-East Makar Sheena Blackhall, poet and writer Mae Diansangu and current Scots Scriever Shane Strachan. The panel selected an edited the flash fiction, poetry and short stories for iss buik, as weel as pittin in a pucklie o their ain.

Since there's nae official standardisation o Doric/NE Scots yet, we made the decision nae tae dae at wae iss buik. We felt consistency within a single piece wis mare important than tellin folk how we hink wirds should be spelt. Gled o at, cos the panel wid probably nae agreed, as ye kin see fae oor ain scrievins.

We hope folk enjoy readin it as muckle as we enjoyed pittin it igither. If ye feel inspired tae write fae ony o the pieces, then aa power tae yer pen.

Kelpie

Alistair Lawrie

The nicht was dark an drear the sky,
the moon was hidden deep
bi clouds that cloakit aa those folk
that assignations keep.

That figure risin fae the bog,
wi mud his claes were claart;
his hauns were steepit dark wi bleed
as near as blaik's his hert.

An mirkest nicht hung roon his steps
that shambled tae the burn.
Through whins an stuntit birse he scirt
til mossy grun an fern

were slurpin blubbert neth his feet
wi reek o deid folks' breath
bit there aheid there glimmered licht;
the burn ran clear aneth.

He lookit far its watters clear
ran sparklin wi meenlicht,
he doused his hauns files thunner clapped;
the burn ran dark as nicht.

If he could win awa fae here
he micht yet get safe hame,
he lookit up an spied a horse
that plashit in the faim.

Bit careful like for fear it ran,
he plowtert tae its side
files grabbed its mane an mountit high;
on it he meant tae ride.

He kent he'd seen be hame wi folk
that didna mean him harm
sae dug his heels intil its flank
an whispert owre a charm

tae keep him safe till he won hame.
That's fan the horse turned roon
its heid an snickert in his face
an howled wi sic a soon

as made his bleed run caal wi fear
for he foresaw his fate,
aa roon aboot the watter rose
until it ran in spate.

Foamy fite horses filled the burn
an tuggit at his coat;
ere he could blink they reached his heid
an cloggit in his throat.

Fore lang the clouds hid blawn awa;
the meen shone in the sky
an glimmer licht was sparklin as
the burnie gurgled by.

The Wye it Wis

Rhona Mitchell

That verra first day o schule her mither wauked her doon Jackson Street Lane, past the witchy hoose and crossed her ower the road at Merket Place. Aifter that somebody else wauked wi her. She thocht naethin o it. At wis the wye it wis.

Her mither nivir hardly gaed onywye in fact. She cleaned an cooked. She supposed at wis foo it wis.

She wisna sure she likit the schule. Ye hid tae spik 'proper' an she hid an affa job wi it. It didna seem natrel ava. Fit wye could she nae spik normal? she winnert.

There wid be great lang stretches fin her mither wis awa. Sometimes, on Sundays, during the lang stretches (fin her mither wisna aboot ava), her faither an her wid ging on a bus journey. It seemed an affa lang wye. They'd ging tae a great big buildin far her mither wis, in Aiberdeen. Her mither wid come for a wauk wi them in these bonny gairdens. There wis even a muckle big gless thing wi brichtly coloured birds fleein aboot. On the wye hame her faither telt her tae look oot for the mill, smoke furlin oot, an she wid ken she wis near hame.

Her faither worked in the railwye. Near aabody in Inverurie worked there or at the Loccie Works. There wis a lot o fouk needed tae repair a the trains, bit her faither drove them. Bit if ye didna work there, ye workit at the mill, doon by the Don. The mannie next door workit at the mill an her mither workit there afore she mairret.

Her faither near aye gid oot on a Seterday nicht. Fin he came hame, he'd either be affa happy wi imsel an sing daft songs till her mither, or he'd be in a rage. She wis feart o him then, an eence, he even threw her mither doon the stair. Anither time he wis makin sic a racket that the mannie next door come in, an telt him tae stop hittin her mither, an she felt awkwart aboot that, bit she supposed at's jist fit gaed on.

Fin her mither wis awa she'd spend holiday time wi her Auntie in the countryside. The railwye track wis jist ahin the hoose, an she liked playing amon the dubs there. Her Auntie's hoose aye smelt o parritch an toast. Her ain mither jist hid a bit o breid at breakfast time, wi a suppie syrup. Ae day she said tae Beldie that maybe she could bide there wi her an be her little quine. At wis fin she gid tae Auntie Dorothy's tae bide. That wis the wye it wis.

She liked Auntie Dorothy's. She hid fower bairns o her ain. She liked aa the noise, an she loved cuddlin in the double bed wi her cousins. They'd read bits o their magazines till her if she wis guid, an didnae tak up ower muckle room. Dorothy made hame-made crisps an baked affa fine pieces. She learnt her foo tae play patience wi a pack o cards. She played an affa lot o it efter at.

Sometimes she bade wi er Grunny. She used tae bide up the Kemnay Brae in a little hoosie wi a dyke at the boddom o the gairden. Her Grunny eesed tae wauk aa the wye tae Thainstane Hoose iviry morning fin she wis younger, an cleaned aa the place. At wis afore she went on till her next jobbie. She workit hard an wis neen the waur for't. Her man wis a piper during the waar (nae the last waar, the een afore at), an wis shot in the leg. Her Grunny telt her foo the pipers aye led the ither sodgers intae battle.

Seein as foo the pipes made the maist affa din, she couldna see foo at wid wark affa weel. Bit then, if her Granda wis shot maybe it didna.

Grunny hid a better hoosie noo, at the boddam o the Kemnay Brae. There wis a braw wash-hoose, an her cousin Jimmy an her wid play hoosies in it. Her Grunny an her shared the double bed in the livin-room. Durin the day it wis a settee, bit at nicht ye pullt it oot an it turned intae a bed.

They'd need tae ging for some eerins up the road, an that meant she'd see the piggy shop. It sellt beef an stuff, an they wid buy saas-ages, an glower in at the little figures o the pigs for ages. Ae time fin her faither wis lookin efter her, he'd gaen her a richt beatin for nae eatin saasages, an her legs dirled wi it the hale nicht. She thocht the sausages were enough tae gaur ye cowk an she wid rather hae hin the thrashin than ate them.

She aye felt disappintit fin her mither cam hame, an at gart her tae feel affa guilty. An her faither gaed oot mair, either tae his shed or doon the road. She wisnae sure far he gaed fin he gaed doon the road, because if he wis gaun for a wauk, it musta been an affa lang een Maybe he gaed roon the Polnar Dam – mair nor eence!

Her Auntie Mary took her tae the museum up the stair fae the library. It wis jined on tae the Toon Hall. Fit ferlies were in there. Stuffed ainimals, hillocks o stanes an auld bits o iron. She couldna see fit wye they were puttin intae a museum because they were nae eese tae onybody.

She gaed tae the library iviry Seterday wi her faither. They got fower books oot each. Her faither read aboot aa sorts o things. There wis books aboot Scotland, books aboot railwyes, an a book written by the mannie that hid been the caus o the last waar. She asked if he'd focht in the last waar. He said no, he'd been in the Hame Guard an they were a bunch o donkeys. She winnirt if he'd gotten a shotty on ony o the donkeys, bit didna like tae speir.

There wis something nae richt in the hoose. Her faither an mither telt her they needed tae spik tae een anither. This wis richt curious, because her faither an mither didna usually wint tae spik tae een anither ava. She daled hersel a haun o patience.

The loccie wirks wis closin doon, an that meant her faither didna hae a job ony mair. He wis gaun tae Glesga tae drive engines there. Her mither an her wid bide in Inverurie till her faither could find them somewye tae bide. They'd need tae ging on a list an wait till a hoose came up. It seemed funny withoot him aboot the hoose, though fin he wis there, she didna see that muckle o him. That wis foo things were.

He'd cam hame eence a fortnicht, on the train, because he didnae need to pey onything. Eence, he fell ower on his wye up the path an gid himsel a richt dunt on the heid. They stitched it thegither, bit he wis fair trickit wi himsel neen the less. He sung songs that her mither said he shouldna be singin in front o his dother.

A hoose cam up an her an her mither went aa the wye doon (on the train, because they didna hae tae pye onything). There wis a park across the road fae the hoose at lookit like it wid be rare fun. Her mither didna seem tae like it though, an she said there wis nae wye she wis movin tae a place like yon. So her faither left the railwye, an he workit in a factory, cleanin. He gaed tae his shed mair aften ana.

Ae day she got hame fae schule an her faither wis hame afore her. She thocht he'd surely gotten loused early. The Doctor wis wi him, an her mither wis greetin. She said her faither wisna weel ava. It wis the drink. She winnered fit drink hid gaured him be nae weel. She jist hid watter at nicht, in case. Her mither said it wis a lot mair nor een that gaured him be nae weel.

Her mither hid been at hame for a lang time noo. She said she wisna gaun awa again, nae maitter foo nae weel she got. It made ye waur nor ye were afore. They did funny things tae yer haed tae dee wi electricity. Richt eneuch ye widna think at wid be guid for onybody.

Her mither telt her aa aboot gaun tae the dunces in the Railwye Hall, an foo she met her faither there, an if she kint fit she kint noo, she wid nivir even hae dunced wi him, let alane onythin else. It wis him that hid made her nae weel. She hid been happy till she mairrit her faither, an hid her (her only bairn, she could nivir hae gaen through thon again). She didna care tae hear this much because she'd nae idea she'd made her mither nae weel. She hidnae meant till.

Her faither learnt her foo tae play cribbage, an rummy. They wid ging ower tae the corner o the livin-room, an he wid dale oot the cards. He telt her that her mither wis nivir weel, an that he hid tae save himsel fae it by gaun oot, an that it wis eneuch tae drive onybody tae drink. It wis her mither that hid made him nae weel. She wis gratefu it wisnae her at hid been the deein o his nae-weelness.

It didna help her faither's humour that a lot o fouk in Inverurie were earnin 'big bucks noo'. He'd gotten back intae the railwye, bit it wis back-brakin wark, mendin the tracks. Bit the fouk at workit in the oil got pyed mair for a wik than he got in a month. An fit hope wis there noo o ivir buying a hoose – the price they were since the oil.

They bade in a cooncil hoose, wi twa bedrooms. They'd bin affa chuffed tae get this hoose fin it wis newly biggit. Afore that they'd bin in Consty, in a railwye flat. Her mither thocht the bathroom looked sae braw that she didna wint tae use it an they hid a brand new oven that ye could store yer pots an pans in.

Her faither got aff the P-wye an in tae the signal box. Ye gaed doon tae the station, crossed the brig, an there wis this hoosie wi stairs gaun up tae it. He hid his ain kettle an could mak himsel a cuppie at ony time, except fin he hid tae change a signal like. Her mither wis still nivir affa weel, bit she got these tablets she took aa her life an she said she'd be waur athoot them. Her faither wid sigh an mak faces at her, fin her mither compleened aboot things, an she kint that her faither must hae been gled she wis there.

On that last lang nicht fin her faither wis nae weel for ae last time (nithin tae dee wi ony drinks, as far as she kint), she thocht he'd tell her aa the things she'd aye hoped tae ken. He'd say he loved her an wid tell her foo much he'd liked haein her tae play cards wi. Bit no, the maist unca thing happened. Her faither bent taeward her mither an he said, 'I aye loved ye, ye ken.' An mair nor at, did her mither nae say it back tae him. 'Coortin' up the Kemnay brae, eh?' said he.

'Aye', said her mither.

He sterted tae sing, 'Goodnight sweetheart', though he'd hardly the puff to spik.

"The Railwye Hall", she said, an they gaed a look tae een anither that wisna the wye they'd ivir lookit at een anither afore.

That wis jist the wye it wis.

A Clootie Duff

Adeline Reid

I tuik a stoon ae mornin tae makk a clootie duff,
Mine as ma mither made, or verra near enough.
Her duff wiz aye sae special naethin did compare
We coudna get enough o it an ayewiz nott some mair.
Altho I made as mony an they've turn't oot jist graan
The magic bitties aye missen fae mither's slicht o haan
Her measurements wir weel acquant an aa deen bi guessin
A lifetime o experience an nae a thochtie missin
It wis a curnie o this an a haunfa o that her makkens were a doddle
Us bairnies lookit up tae her the perfect role model.
Aathin deen wi passion for that there is nae doot
Important wis the care o the special dumplin cloot.
Yokkin tee for the makken an the kettlie on tae byle
A muckle pot wi an upturn plate tae rest the duff fur a fyle
Coupit in a sonsie bowel the makkins for the duff
Currants, flooer, raisins, suet, satt, sugar, spices, an aa kynes o
       magic stuff.
A drappie milk an a gweed steer roon tae stiffen up the dough
Makken sure aathin comes thegither afore ye lat it go
Wring oot the cloot fae het watter an gie it a shakken wi flooer
This makks the skin on the dumplin an keeps the intimmers secure
Sikker the corners wi towe, the contraption cooried doon in its cloot
Nae ower ticht tae lat the swallin rise up, for that there is nae doot
Pummelt an fichert rowed up in a blanket, ready tae drap in the pot
Bylin het watter richt up tae the neck, on wi the lid, that's fits nott

Lat it hotter awa for three an a half ooers we can bit wyte an see,
Wheech it oot o the pot an steemin hett, kweelin doon, jist lat it be
Aff comes the cassen, clarty, cloot, like a wincey sark mishwashen
Primpett up fae a gweed dicht doon. a proper treat, the wirk o passion
The yoams fae the reekin spices gaurs mony a mou fair watter
At the sicht o a weel fauret dumplin restin on a platter
A muckle slice jist hett or caul clartet wi custard or cream
Ye widna spare a mealick the desh, a "Scotsman's dream"
Naethin can marra a clootie duff for that there is nae doot
The magic in the makkin is in the special dumplin cloot

Leaves

Alison C Skinner

Tucked at the back o her granmither's wardrobe, aneth piles o sheen aa weel polished wi Oxblood, regardless o their original colour, she foun a weel-worn Hays Lemonade cardboard box. As her fingers rived wi the owerlappin flaps, she winnert if it micht haud some lang forgotten treesur her granmither hid laid by, only for her tae fin it years later. She minet on anither rummle throwe her ain mither's wardrobe fan she wis eleivin, fan she foun a bairn's toy watch meant for her fowerth birthday. Wid this box haud her granmither's waddin frock? Syne, foo in the warl wid she wint tae haud ontae that? She winnert fan her granmither hid laist hid the foosion tae open the box an mine fit wis int.

As the last flap loupit loose, she realised she'd foun her granmither's library. Aa the buiks were neatly covert in sturdy broon paper. She minet her ain mither's haun hid covert aa her skweel-buiks an jotters the same wye fan she wis a bairn.

Flat-pressed amon ilka buik, she foun her granmither's leaves. Big sycamores that only 'The Countryside Companion' could manage. An ash, lurkin amon 'The Red Herring' or 'Allie's Little Blue Shoes'. A frond o rowan inside her Burns poems - she'd inked his likeness in a guid haun on the cover. Some Deeside birk, she thocht hid likely been gaithert weet an stappit in a hunkie inside her granmither's knapsack, hid dried aa crinklet amon the pages o her Dickens wi the First Prize label inside the flyleaf. Some oak, hidin freffly amon her Jane Eyre. Baith won aifter a sair fecht, the fower-leafed clover cooried in her English O level papers. The een she said she'd passed in spite o findin hersel sat atween twa nuns in the exam hall. The holly, stuck wi yallad sellotape inside her reclaimt Moulin Rouge, hid an inscription in her ain han "To Willie, from all at home, Christmas, 1954".

A lifetime o walks, gaithert leaves, halla-veined, faded an brickle, tummelt oot as she sortit throwe her granmither's buiks. She coupit them intae an auld un-yeesed canteen o cutlery – a waddin present her granmither hid nivver taen tae "for fear she wid blad it". She laid the leaves by in her laft.

Her Hauns

Paul Nicol

Her hauns, nae as saft as fan she first clapped eyes on me, bit
her hauns, gentle as they caress ma neck fan aa return wae empty
       nets, an
her hauns, lovin as she cradles oor bairn tae her bosie tae feed, aa tak
her haun, steadfast fan locked wae mine as we wakk doon the
       Loanins, folk admire
her hauns, stronger than ony mannie, she wrings oot claes, hings
       them up, lines o
her hauns, blistered an sare bit she nivver lets it get her doon,
       couldnae be athoot
her hauns, huddin us igither nae metter fit.

A Letter Tae Ma Younger Sel

Kimberley Petrie

Fan yer aulder
and I da mean fan yer in yer Eighties,
mair like fin yer aboot forty,
ye're nae gan tae believe
how yer life his changed.

Ye'll stop haen a hankering
fur gettin bleezin ilka wikkend.
The thocht o trailing aboot half nyakit
jist tae impress a loon, is gan tae seem mintal.
Teeterin an totterin ower cobbles
near braakin yer neck
for a poke o chips an cheese,
fine at may be, bit nae comfy.
Ye'll want tae wear flatties mare
an jaikets wae hoods that are cosy.

An ye winna believe ma
fan aa tell ye, a few years fae noo
Ye'll hae a bidie-in, livin
in a wee hoosie bi the sea.
Fan ye look oot yer windae
yer gan tae be fair-tricket
ye catch glimpses o whales,

an ye'll fin yersel gin aa misty-eened
lookin oot at beasts in the fields.

Ye'll spend yer days clarted,
yirded wi dubs fae waakin yer dug.
Ye'll still feel like a gype in yer waldies,
in fact, ye'll be affrontit,
an ye'll question it, thinkin
is this life fur the likes o me?

Ye micht nae come fae fairmin fowk
bit aat disnae stop ye longin
tae trail yer hauns across gowden tips o barley.
Ye micht nae come fae fashin fowk
bit aat disnae stop ye wonderin
fit beauty lies in the icy depths aneth.

Dinna fecht yersel, let yer doubts be taen ower
by aathing aat stirs inside ye, lean intae it,
follae the dreams yer maist feart o ma darlin quine
an ye'll hae a full hert an a peace ye've nivver kint.

Carlo

Evelyn Wood

Fit an excitement for a fower year auld lassie! Dad has jist cam hame wi a new fairm werker – nae ony werker bit an Italian prisoner o war, captured in North Africa an brocht aa the wye tae Monymusk prison camp in North East Scotland. Noo, Carlo, for that wis his name, wis on oor fairm.

He wis a good-looking young man, quait at first, bit it wisna lang afore he got used tae us an he promised tae be a willin worker. He hid his ain sleepin bothie, bit he ate wi us an it wisna lang afore Carlo becam pairt o oor faimly. He spent oors wi me an ma young brither in evenins tellin us aboot his hame in Italy. We learned some Italian wirds an Carlo seen picked up aneuch o oor tongue tae get by.

Three years, Carlo steyed wi us. Noo, there were certin rules that hid tae be kept. Prisoners couldna leave the fairms they were allotted tae and their dress wis a uniform wi diamond patches. Bit rules can be bent, so on ae day ivery wik, ma dad and twa neebouring fairmers took turns o gettin their prisoners thegither so that they could hae a good natter in their ain language. Fit hairm wis that daein? Carlo wis aboot the same size as ma faither, so noo an again Carlo got riggit in my dad's claise an aff we wid gang for a drive in oor car. We aince went tae Crathie an saw the Queen. That wis a real occasion for Carlo, bit ma memory is clearest aboot the last ootin that we hid jist afore the end o war and Carlo's time wi us. I mind sittin snuggled aside him an singin,

Bonnie Charlie's noo awa,
Safely ower the friendly main,
Mony a hairt will brack in twa,
Should he nae come back again.
Will ye nae come back again?
Will ye nae come back again?
Better lo'ed ye canna be,
Will ye nae come back again?

I sobbed ma hairt oot fin the army truck cam tae pick up Carlo. I clung tae him an promised that fin I wis big, I'd come tae Italy.

Sivinteen years passed an in that time, Carlo kept in touch wi us. We heard aboot his weddin tae Clelia an ivery Christmas he sent us a panettone Italian Christmas cake. I hid grown up an Carlo wis a memory o childhood. Ma freen Liz an I were plannin a holiday thegither, tourin a bit o Europe on ma Vespa scooter. We hid naethin booked, bit we set aff wi maps, Youth Hostel memberships and a hale lot o promise o good fun an adventure. We did weel, got as far as Switzerland an ae day, while stopped for a breather, we studied oor map an on a whim decided that we'd see if the Vespa wis able tae tak us ower the Alps tae Italy. Aff we set for the St Gotthard Pass. It wis first gear for maist o the wye bit we made it. Italy! Then I minded aboot Carlo an ma lang seen promise. Bit we hid nae address. I could mind that he cam fae a toun caad Pavia, so we headed for that only tae discover that 9,000 folk lived there. We found a post office, bit the wifie there wis nae help. A postie got the jist o fit we were aifter and signalled us tae follow him. Aff he set on his bike, an we followed on the scooter, a crowd o young lads takkin up the rear. Miracles happen. The second address that postie took us tae wis the richt een.

Wirds canna express that reunion an the welcome that we got. Clelia got a neebur fa spoke English, bit she wisna needit for lang. Sign language, phrase books, bits o French an odd wirds o Italian an English kept us gan. Sivinteen years rolled back. At ae point, Carlo left the room an he cam back wi a weel-worn brush. He unscrewed the boddum an took oot an equally weel-worn gowd ring. Prisoners were nae allowed tae get presents, bit I said that ma dad bent rules. The adapted shaving brush wi its thistle engraved ring had secretively travelled frae Scotland tae Italy. Daily use an wear hid ta'en their toll and noo were back thegither for safe keepin. We looked at each ither an I kent that Carlo's mind wis back in Scotland. There wis a moment o silence that Carlo broke wi twa guid Doric words that he could hear ma dad sayin at the end o a hard day's wark on the fairm – "Fair ferfochen"!

We aa laughed.

We spent twa memorable days wi Carlo an Clelia. They ta'en us tae Venice an afore he bad us a tearful fareweel, he promised tae come tae Scotland. He and Clelia did come the next simmer an een o the things that he winted tae dae wis tae visit the camp at Monymusk. It hid since been demolished, bit he piynted oot the spot far his prison block had been an he found a brick that he took back wi him tae Italy. Frequent faimily visits followed in later years as a result o a promise made by a siven year auld bairn.

Ma folks an Carlo an Clelia are awa noo, but I hae keepsakes and memories an I niver let Christmas gae by wioot buyin a panettone.

Doric Dwams

Shane Strachan

Bide a wee mintie.
Lug in tae my reveries –
wheesht this city.

A breeze flichters roon
Aul Aiberdeen's cobbled streets.
Pink petal rain.

Simmer is here
wi a fite sheet o haar
tae blunket us.

Caul wave o water.
The bus wheechs on past
us drookit rats.

Reeshle o leaves
in the gowden gairden.
The scurries skite.

Folk squint their een
on the caul winter street.
Low yalla sun.

Thawin waterfaa.
In Johnston Gairdens we cross
the brig thegither.

The curroos o doos
echo through the tunnel.
Nae alone noo.

Ye rush past aa fasht
an pechin hard, nae seein
this too shall pass.

Mica will glister
in the darkest o granite
if ye jist let it.

Overheard at Wetherspoons

Sheena Blackhall

So we sat doon at reception
An Wayne taen Ellie tae the toilet.
"That'll be £750", the quine sez,
"we've nae confirmation o
Ony special deal on yer holiday."

My ma wis getting annoyed.
"could ye go an get somebody?"
She sez, "I'm nae pyin that!"

The quine kept on thinggyin
on her computer.
I thocht, she disnae ken my ma.
I thocht, there'll be a riot in a mintie.

Bit then the quine raged wee Ellie
Fur dingin her bell, an
It wis me that lost it.
I tuik a richt mentler.

That's fin my ma sez
"Sorry aboot this.
We canna wauk awa frae oor kids
Bit men can."
An ma da niver gaed a cheep.

A hame is a hame is a hame, is it nae?

Jo Gilbert

Efter Robert Seatter wae a nod tae Gertrude Stein for the title

Aa come fae Bothies and Strathspey, ma Grunny nicknamed Billy,
fa aa wish hid taught mi Gaelic as weel as Doric,
Aa come fae wirds, nae nummers,
fae "it's not fit, it's what" an
"pit on yer sheen an get doon tae at skweel, yer gan tae be late!"
Aa come fae three primaries and twa academies,
fae Mastrick backies an the braes o Hatton –
these placeys relate tae me bit they are nae ma hame.

Aa come fae Babysham an Blue Lagoons,
Advocaat an Lemonade lang afore the legal age,
fae different days – smokin in bairns faces,
hunners o tabbies in ashtrays thick as bricks,
enough tae burst yer skull crimson.
Aa come fae bleezin for a fortnecht
an the Dons European Cup Winners Cup song
weel efter midnecht, on repeat, for years.
Aa come fae kennin aa the wirds tae songs aa hate
an wid nivver choose tae listen tae.
Aa come fae Nerdsville, fae pages o sci-fi an fantasy buiks
orra wae bein used as escape pods,
gatewyes tae warlds aa sarely wished wis hame.

Aa come fae the 80s,
Neighbours, aabody loves gweed Neighbours,
fae Bros an Grolsch bottle tops on yer docs,
fae dyin aathin ye ain blaik an becomin a Goth.
Aa come fae the kaleidoscopic blur o the 90s,
fae raves, heidy wikkends, buggy flares,
hame-made tie-dye glow in the dark claes,
fae fitba taps an trackies, trekkin roon the city
hinkin ye couldnae be ony cooler
wae soonds blarin oot the ghettoblaster on yer shooder
an these attempts tae belang are part o fa aa am,
bit temporary phases dinnae signal hame.

Aa come fae graft and debt, swingin in atween extremes,
fae nae darin tae deek above the station
that's been hemmered intae yer heid
ats nae for you bairn, ats nae for me.

Aa come fae fit we're telt is hame,
aa lee we're selt fae fan we're wee –
hame exists in mortar an bricks,
flags an borders, Ikea furniture
flooery tablecloots laid oot aa bonnie
in yer fairmhoose style kitchen,
Mither makkin breid wearin a funcy apron,
at image is fiction, an illusion
for far too mony an we're led tae believe
if we've nae enough money tae get it

summin's wrang wae us if we dinnae hae it,
must nae be graftin hard enough, ay?
At is definitely nae hame.

Aa come fae dein a 180,
fae brakkin unwritten rules
an learnin tae trust yer ain journey.
Aa come fae livin in the moment
an slowin doon enough tae hear the unswers,
an they come, listen…
spaces that mak ye feel safe - hame
electric seconds afore the moshin stairts – hame
cooriein intae clean beddin – hame
ma nephew laughin an singin – hame
atein an bletherin wae ma freens – hame
the wye she felt in ma airms yon day – hame
watchin the lungs o the warld breathe in an oot in waves – hame
roamin aboot in the pishin rain – hame
readin yer ain scrievens on stage – hame
aa yon time lookin ootside, tae realise
it's here, yer hert –
hame's a feelin, nae a hing
ye cairry it wae ye farivver ye ging.

My Faither's Fowk

Mae Diansangu

scrat intae the bleed

o my faither's fowk

is the skyrie-tonguit leid

o my faither's fowk.

een glisk o thon wirds

birstlin unner the skin,

an ye'll ken fit it means

tae these fowk tae be kin.

fit wye wid they cry

een a their ane '*cousin*'?

a wird fair flinrichen an

ower wanshappan,

it ca hud the wecht

o ah the bodies they

cry siblin.

efter aa, yer mither's

brither's bairn is yer

brither, an aa.

fan my bleed is screived

in inglish, it spells oot:

bairnless;

my faither's fowk ken this

isnae true. they dinna hae

nephews. jist sons,

cairrit an drappit

by some ither

sisterly body.   a guid lang filey

afore i wis able tae spik

a clamjafry a wirds,

gaitheret, ill trickit, an they

hirpled alang Congolese tongues.

lexical invaders, sint tae howk

a culture fae unsuspectin moos.

bruisit lipt an sare begeckit

loons an quines noo expectit

tae spik wirds teemt

o the taste o their bleed.

peely wally, dweeblie an wobbly

scanty words fit unspelt the faimly
tree,

but fir aa that —

                    scrat intae the bleed

o my faither's fowk

is the thrawn-tonguit leid

o my faither's fowk.

an ower muckle linguistic interficherin

canna stap the bleed fae ettlin

tae be heard.

jist een drap spiks looder,

than ony single wird

Guernica

Gillian Shearer

Ah opent the buik and luikit at the picters.

'Modern art,' droned Mrs McLeod ma art teacher 'is a matter of interpretation. You have to use your imagination. Look at the bigger picture.'

Ah hidnae a clue fit she wis spikkin aboot. As far as ah cuid see modern art wis a load o shite. Ye cuidnae mak oot fit the artist wis tryin tae say.

Tak fir instance the picter ah wis luikin at the noo. It wis in black and fite and mebbee it wis the lack o colour aat made it seem even mair depressin. It wis a richt stramash inna. Mair lik a jigsaw puzzle ah thocht. *Guernica* it wis caad. Mrs McLeod said it wis sumwye in Spain but ye cuidnae tell aat fae the picter. The beasts and fowk luikit lik they'd been cut intae wee pieces and then pasted thegither and nae in the richt places. Their coupons a richt bourach; heids aa ower the place. A wee bairn lyin in een corner, a wifie, her mou open in a scream, a mannie wi his hauns gropin in the dark; a horse and a bull wi muckle twisted horns, and nae a hale body atween them.

'It was painted by Picasso,' the teacher said, 'he wanted to show the destruction caused by the bombing…lives literally torn apart.'

Aye richt, ah thocht. Ah *suppose* ye cuid see fit he wis tryin tae get aat: bodies rippit apairt fae the bombin. But it wis still a kern.

Aifter a file she telt us tae draw oor ain picters hopin we'd tak some inspiration fae the picters we'd been luikin at.

Nae exactly inspirin, ah thocht luikin at the picter. *Fowk wi their heids chappit aff, legs and airms aa ower the place. Wee bairns greetin, a horse richt in the middle o it aa, his heid twisted richt back. A sair fecht!*

Ah spent the rest o the lesson in a dwam. Bi the time the bell went ma page wis still blank.

'Could you not think of anything, Davie?' the teacher askit me fin she saw ma blank page.

'Nah, miss, sorry,' ah sais.

And then she gaed me yon luik sum teachers gie ye fin they hink yer a lost cause: kinda sad but snooty at the same time as if they didnae expect muckle fae ye onywye.

Ah wis still hinkin aboot the picter fin ah got hame. It wis nearly four o'clock. Dark cloods gaithered roon me as ah let masel intae the hoose. Ah caad oot but aire wis naebody at hame. Then ah mint it wis Friday. Ma Ma hid pit in fur an extra shift aat the hospital and ma Da wid jist be finishin his shift at the factory. Nae that he'd cam straight hame. He'd be doon the pub bi noo, *a quick swally wi his mates and then a chipper on the wye hame.* Ah bet he widnae hink tae tak onything back fur me. Hinkin aboot maet made ma feel hungry and ah wunnert if Ma hid left oot sumthing fur me. Usually, she'd lay oot a plate o mince and tatties or left ower soup fae denner time.

Ah teen aff ma jaikit and hung it on the row o hooks neist tae the front door. Then ah threw ma skweel bag on the fleer and made ma wye doon the lobby. The kitchen wis in a richt riot. Dirty plates aa wye. Ma Ma used tae be affa hoose prood bit lately she'd gotten scunnert wi the hale 'domesticated nonsense' as she caad it. Aire wis nae sign o ony food in the fridge so ah raked in the press for sumthing tae aet. Ah fun an auld tub o *Pot Noodle* at the back o the shelf: *Bombay Bad Boy.* Ma favourite. It hid been sitting at the back o the press since Christmas and it wis March noo but ah suppose it wid be okay. Ah tore open the lid and the acrid smell o spicy sauce wafted aroon the kitchen. Ah flicked on the kettle. Aye taks ages tae byle fan yer stairvin.

Ah fill the tub wae bylin watter and luikit aroon fur a fork. Tryin tae fin onything in amon the bourach o dirty plates and cutlery wis a nightmare. But eventually ah fun een. The pot noodle wis better an ah thocht; the *Bombay* flavour hid jist eneuch spice in it tae tak awa the blandness o the noodles. Aifter ah'd scoffed the lot, ah went ower tae the sink and stood bi the windae.

The lift wis grey; black cloods hoverin oot by. Aathing seemed grey aat aifterneen. Oor backyard a dull slab o grey granite. Suddenly a wee dug appeared roon the corner makkin fur the bins. It snuffled aboot fur a bit, its wee neb in amon the tattie peelins and ither rubbish strewn alang the pavement bi the win. Puir thing: nae muckle pickins aire ah thocht chuckin ma empty pot in the bin. Ah poured masel a gless o waater and went throu tae the living room.

The room felt cauld and ah thocht aboot lichtin the fire. It cuidnae be aat hard ah thocht. Papers, kindlin; ah'd seen Ma dae it umpteen times. But then ah remembered we'd run oot o coal. Ma Da hid forgotten tae pay the coal mannie lest time and the thrawn auld bugger hid refused tae gie us onymair till me Da coughed up. And ma Da bein ma Da hid refused tae pye.

Ah switched on the telly and flicked throu the channels. Nithin teen ma funcy so ah switched it aff and lay back oan the sofa starin up at the ceiling. The waa paper wis stained broon, the effects o ma Da's smokin. Ma said it wis aboot time he gied up bit Da wis a chain smoker as weel as bein thrawn. Nae sooner hid he finished een fag and he wis ontae the neist. Ma said it wid be the death o him bit Da widnae listen.

Bein a nurse, Ma kent aa the hings aat cuid kill ye. She'd seen fit smokin cuid dae tae yer lungs and she nivver stoaps gaen on aboot it tae me. 'Dinnae ye dare stairt smoking, Davie,' she'd say. Fills ma heid wi nightmares aboot black lungs and mannies hoastin aat muckle they can barely tak twa steps athoot collapsin. 'Hae tae be wheeled aawye,' she sais.

'Ah shuid be sae lucky,' sais Da wishin he hid sumbody tae run aifter him aa day.

'And fit div ye hink ah dae?' me Ma sais.

Ma and Da are ayewis fechtin. Ah suppose it's cos they've been mairrit sae lang. They've been thegither aat lang they've lost track. 'Ma life cuid hae been sae different if ah'd only bade in Aiberdeen,' ma Ma wid say. As seen as she left skweel, Ma left fur the 'Big City'. She'd been affa clever at skweel. Trained tae be a nurse and then got a job at the big hospital. Bit maist wikkends she'd cam hame tae the discos at the toon hall. Een weekend she fell in wi ma Da and aat wis it. She nivver went back tae Aiberdeen.

'Ah luved gaen tae the discos,' she'd say, her vyce aa saft and dreamy lik.

'We gied it laldy,' said ma Da, 'nivver aff the dunce fleer.'

Ah cannae imagine ma Ma and Da duncin. Nine months aifter they met ah appeared on the scene. Nae aat ma Ma regretted haein ma. She loved ma tae bits she said. But sumtimes ah wunner if she's really happy. She wirks lang oors at the hospital and ma Da disnae help. As seen as he's finished his shift he's doon the pub. Aat and smokin are his twa vices. Ma hates the drink inna. 'It's waur nor smokin,' she sais.

The broon stains on the ceilin mak me hink aboot the mannies ma Ma luikit aifter: the mannies wi black lungs and hoastin chests. Ah wunner if the insides o Da's lungs luik the same. If ye cut him open, wid ye fin a chest fou o black dirt? Lik coal dust, Ma sais. Ah mind yon time aifter anither bout o hoastin, Da promised tae gie up the fags for guid. He went a hale week athoot a fag bit Ma said his temper wis affa athoot the fags so he stairtit up agin.

Ah luik at ma watch. Da'll seen be hame fae the pub. He'll stotter aboot fur a file, moan at me fur lyin aboot daein nithin, and then he'll throw himsel doon oan the sofa and faa asleep in front o the telly. Then ah'll hae tae gaen throu tae the kitchen and tidy up cos ah ken Ma will be fair trachled bi the time she gets in fae her shift.

It's nae closin time yet but ah'm sure Da's due tae be chuckit oot seen eneuch. Ah mind the time he wis eence barred fae the local. Tried tae pick a fecht wi een o the ither regulars. Said the mannie hid luikit at him a funny wye and did he wint a hidin?

Disnae tak muckle fur ma Da tae get riled these days. Nae aat he'd ivver tak it oot on Ma an me. Sumtimes ah get on his nerves but ah ken deep doon he loves me and ma Ma. Bit it's nae lik fin they first got mairrit. Ah mine seein the photies o them on their wedding day. Baith smiling lik they're really happy. Ma in a bonny fite lacy dress, Da riggit up in a funcy suit and tie. His hair doon tae his shooders lik David Cassidy - he wis a singer wye back in the sivinties Ma sais. Ah hink she hid a crush on him. 'Mairrit yer da cos o his hair,' she sais. 'Mair fool me.'

Ah cannae imagine Ma and Da bein young. It's lik they've been iss age forivver. Ah hink mibbee they're tired o life. Ma is ayewis moanin aboot bein tired an Da nivver seems tae dae onything but sleep fan he's nae at wirk or the pub.

Aifter a file ah get up fae the sofa and gaen throu tae the kitchen. The sink is fou tae the brim wi dishes. Ah guddle aneath the sink and haul oot a pair o Marigolds. Then ah tackle the dishes. Stack them on the drainin board fin ah'm finished. Then ah tak oot the hoover and zip roon the kitchen and the livin room. It's nae quite a transformation but at least the hoose luiks less o a state. Ah feel better in masel inna.

Ah wyte fur ma Da tae cam back fae the pub. It's gettin dark noo. The black cloods hiv turnt tae rain and ah can hear the rummel o thunner in the distance. Ah staun at the windae and luik oot fur the familiar shape. Aifter a file ah sees him stotterin roon the corner, his hood up, his shooders sloppit, his hauns raxin oot groping in the dark. Aathing is black and fite. And it maks me hink o the picter ah'd seen in art cless; the broken bodies, the horse, the wifie wi her heid thrown back, the mannie, his hauns gropin aboot in the dark. Jist lik ma Da's hauns outstretched, luikin fur sumthin. Sumthin jist ayont his reach.

Ma New Dug

Douglas Cameron

He said "It's fur a wik"
file he geid awa
aff tae see somebdy
he wisnae clear

file he geid awa
a "puppy-sit" he caad it
he wisnae clear
jist nae how lang, an

a "puppy-sit" he caad it
a trainin time
jist nae how lang, an
noo, we're freens

me an i dug
aff tae see somebody,
noo, oor reglar meet,
He said "It's fur a wik"

Fit Een's Ken?

W.F. Robertson

Ma Grunnie she wis Hannah,
bit fowk jist caad her Hen.
Granda he wis Kenneth,
an he wis kent as Ken.
A mistak, arite, ye canna
mak, ken?

Fower loons hid Ken and Hen,
the first he wis wee Kenneth,
bit aabody caad him Ken.
Second born wis Leonard,
an Hen she named him Len,
ken?

Delivert next wis Dennis,
bit aabody caad him Den.
His brither he wis Benjamin,
bit Ken he cried him Ben.
Aye, an aabody likit them,
ken?

Their hoose, a thackit but-an-ben,
twa rooms wis aa it hid, ken?
An faar they slept, fowk wid wunner,

at far they lay, they ate their denner.
That's, wee Ken an Len an Den an Ben,
ken?

Fan freens wid visit Ken and Hen,
fa wis fa aye raivelled em.
Hen wid name the bairns ken,
Bit aye they'd speir "Fit een's Ken again?"
Weel, there's Ken an Len an Den an Ben,
ken?

Thochts o a Teacher

Brian P Innes

"Ken iss?" I says tae masel, the ither day, "fan ye look back ye see that some things are aye changin, bit some things aye bide the same."

Een thing that I think aye bides the same is that aa the folk that wirk in oor skweels are nae as appreciated as they should be. I wis a teacher for mony eers, an the time spent in classrooms his been a great reward in itsel.

Noo fit dis this hae tae dee wi onythin? Weel, I wirkit as a science teacher at Inverurie Academy, an that's fan ma story stairtet. I seen discovert that I wis in the middle o a rare bunch o pupils, teachers, jannies an office wirkers.

Jist tae gie ye some idea o foo helpfu they were tae ane anither, jist imagine iss. It wis ma second mornin, an I hiv an affa bad habit, I'm late for maist things. Noo I hid been weel telt that the Dominie, or Heidy wis a stickler for aa the teachers an aa the pupils tae be in the hall bi eicht o'clock sharp for the mornin assembly.

I'm at full gallop tae my classroom tae get red o ma message bag o stuff an ma piece. Wyvin bane a crowd o pupils, desperate nae tae be late. Mrs Day fae the office stoppit richt in front o ma wi baith airms oot makkin ma stop.

"Gies at bag" she says "I'll pit it in yer office. No awa ye go, afore yer late."

Now foo offin div ye come across onybody that wid tak the time tae dee that? She could jist as easy hae let me go, an can ye imagine the nummers o pupils that wid hiv hid a richt giggle at me gettin a ragin fae the Heidy for bein late?

Spikkin aboot the mornin assembly, that wis fan the Heidy wid mak announcements.

Ye see, I wis intae ma second eer, an at that time wir Science Department got a special award o some siller. At the end o the school wis a square, wi buildins aa aroon.

In the middle there wis some benches an this wis far pupils could ging during the interval an hae a news igither. Weel, some cheel got the idea that the siller wid be used tae 'beautify' the place. An so we got a fish pond, wi goldfish. We bocht three pea hen eggs as weel an hatched them oot. Wid ye believe? Here cam twa pea hens an a peacock. Efter a while they were let lowse amang the pupils. It didna tak lang for the pupils tae discover that the peacock an his hens werena feart, an liket bein fed crisps. Their favourite wis saat an vinegar.

Fan the peacock got bigger, he lykit tae show aff in front o his sisters, an wid mak a dive for a crisp. Weel, een wee quine pult her crisp awa an she got a nippit haun fae the peacock.

The Heidy hid heard enough. Next mornin at assembly he announced:

"Boys and girls, there is no need to be afraid of the peacock. I will show you at interval how to feed it safely."

Weel, at elivvin sharp, there he wis, black goonie, an a buggie o crisps.

"Boys and girls" he says, "watch carefully how I feed the peacock safely", an held oot a muckle crisp. It micht hae been the sleeves o his goonie that fleggit the peacock, bit it took aff intae the air, an landed richt on tap o the Heidy's heid! It maun hae teen a guid haud, cos bleed wis rinnin doon his left lug. At that pint Jim the Jannie got richt intae action an swiped the peacock aff. Aabody wis bitin their lip, shooglin aboot, coughin, an tryin nae tae lauch.

Jist as the Heidy wis leavin, haudin his hunkie till his lug, he says tae Jim, fa managed tae keep a straight face, "These birds had better be gone by morning ".

That nicht, Jim an masel were workin at the nicht school, an he says tae me "Wid ye gies a haun tae gaither up at birds?"

He hid the twa hens in a cardboard box bit nae peacock. It wis on the roof o the technical department. Noo, it's been said that a peacock maks a soon like a droonin mannie bawlin for help. The peacock wis makkin a soon mair like an aul craa, aye een wi a throat infection. Jim tried tae shoosh the peacock bit it jist craad back at him.

"I'll sort iss, you hud the box riddy, bit keep the hens in." Jim says. He hid a ten fit lang windae pole wi a cluke at een end. Noo Jim wis a gweed golfer, an he took a swing at the peacock jist like the pole wis his five iron. Weel, it connectit aricht. Ye micht hae seen a peacock fleein, bit ye've nivver seen a peacock hurtlin ower a skweel at aboot twenty mile an oor, wi nae a single flap o its wings. It landed richt aside the box, beak first! Stunned for a wee mintie, Jim an masel managed tae get the bird intae the box, safe wi the twa hens.

That box wis on the sivven o clock train oot o Inverurie the next mornin, on its wye tae a zoo doon sooth, an the peacock wis nivver mintioned again. Weel, nae in front o the Heidy onywye.

Smooriken

Hannah Nicholson

Hit wis dennir brak an we wir staandin oot da back o da gym hall. We haed wir backs tae da waa, but den du turned tae faess me, an we pat wir airms aroond een anidder's waists. I pulled de closs an du tiltit de heid, an wir lips met some wye idda middle o it aa. Afore dis, du wis been smokkin a fag, an I could taste da baccy on de tongue, an on de mooth wis da faint traess o yun mint lip balm at du ay wore – I recognised it becis du wis gien me a laen o it ee time whan me mooth wis dried oot fae da caald. Swappin trönies wi de wis sheer bliss, but we wir hiddlin awa ahint da gym hall. We kent at if ony o wir peers spied twa lasses sharin a smooriken we wid nivver hear da end o it fir ages eftir. We wid be pittin wirsels forwird fir endless mockery fae da rest o da skule, an mebbe even gettin don ower be da warst o dem. But fir eanoo, we wir safe in a peerie bubble, an we could be wirsels, an I savoured whit we haed while we could hae it.

This piece of flash fiction is in the Shetland Dialect

Snog

Hannah Nicholson

It wis oor denner brak an we wis stannin oot the back o the gym hall. We hid oor backs tae the waa, bit en you turnt tae face me, an we pit oor airms aroon een anither's waists. Aa pullt ye close an ye tiltit yer heid, an oor lips met somewye in the middle o it aa. Afore iss, ye hid bin smokin a fag, an aa could taste the baccy on yer tongue, an on yer mou wis faint traces o yon mint lip balm at ye aye wore – aa kint it cos ye gied ma a lane o it een time fan ma mou wis dried oot fae the caul. Lockin lips wae ye wis sheer bliss, bit we wis coories up ahin the gym hall. We kint fine if ony o oor peers clocked twa quines sharin a snog, we'd nae hear the end o it fur ages efter. We wid be pittin oorsels forrit fur endless mockery fae the rest o the skweel, an mibbe even gettin a richt hidin fae the worst eens. Bit fur noo, we wis safe in a wee bubble, an we could be oorsels, an aa savoured fit we hid filst we could hae it.

Doric translation bi Jo Gilbert

We decided to include this piece with a Doric translation to demonstrate the similarities and nuances between two variants of Scots.

The New Quine at School

Lorraine McBeath

Fa's i quine wi the ginger hair?
She looks a richt sicht.
I'm gan tae tak a photy
and pit it online i' nicht.
Fit's her name? She nivver spiks.
Fan i bell gings, she stans hersel
and disnae wint tae mix.
She's weird, I'm nae gan tae lie
wi at thing on her heid.
But, like me, she hates PE
and her face gings bright reid.
Far did she come fae? I dinna ken.
Some say a posh school in Crieff.
The ither day she signed tae me
an I realised she's deef!
She wrote doon the unswer for me in Maths
an noo I feel like a fool.
I've a new chum, she's clivver and funny
I wis ower quick tae judge
the new quine at school.

Bullied

Sheena Blackhall

Sadie an Georgie, John an Belle
Ivery day makk my life hell
They gar me greet, bit I'm feart tae tell
Dae they pick on me cause I'm wee?

On Monday they caad me a glekit mink
They shouted at me 'Drap deid. Ye stink'
Jist playgrun banter, the teachers think
Foo is it aywis me?

On Tuesday they wyted outside the haa
They flang ma homewirk ower the waa
They tripped me up an they made me faa
My life is a misery

On Wednesday they took ma phone an hid it
Threw dubs at ma face an denied they did it
Spat on ma hair, an filmed an shared it
Fan will they let me be?

On Thursday they trolled me wi nesty texts
On social media pit feary threats
I wet the bed I wis sae upset
Fan will I iver be free?

On Friday I plunkit the schule again
I sat on a swing bit through ma brain
Yer an ugly dafty … their wirds brocht pain
They think it's funny, ye see

My ma is aywis skint … we're puir
Ma wirries are ower sair tae share
Fin I grow up I'll nae bide here
Nae mair bullies for me!!

The Ootlin

Kathleen Gray

Abodie his a story tee tell. An I winner fit's yours? This is nae really my story – it's ma cousin Ellen's, bit she will niver let on that onie o this iver happened tae her. Tee us. Because I wis involved in the guddle an stramash that summer wi became teenagers. An you? I think you hid a hand in it tae.

Okay, first things first – the facts. Ma cousin Ellen's grandfaither an grandmither came fae the Caribbean, part o the Windrush generation that we a spik aboot noo. If ye dinna ken fit that is, weel, awa an Google it. Folk like ma cousin's grandfolk came fae Jamaica an wid hae been descentants o slaves. Ye can google that an-aa. Ellen's grandad wis a clippie on the buses in Glasgow until they wir replaced wi the driver takkin the bus fares, an then he wis a school cleaner. Her granny wis a nurse an wis eventually the heid mid-wife for the hale o Glaesga. She wis a real clever quine, an Ellen, I ken, took aifter her.

Ellen's dad, Alec, wis their only son an he grew up wi a passion for fairmin. He boucht a fairm in Aiberdeenshire an he stocked it wi nowt an he wint tae the mart ivery Friday tae trade wi the ither fairmers. He wis a thrawn cheil bit he ae hid a smile on his face. He fell in love wi auntie Hillary, my dad's sister. They hid 3 quines: aa bonnie, clivver an confident. Ma cousins Ellen, Shirley an Maxine.

Ma mither said – an I suppose it wis honest o her – that she nearly passed clean oot fin she saw Uncle Alec for the first time. She said she'd niver seen a black man afore. Only on the TV. Weel, it wis a while ago, I suppose, bit even so I telt her aff for being racist, although, I wisna really sure fit the word, racist, meant maseel.

Right, I'm wastin time here. The crux o the story is that aince Ellen an I turned 13 the world seemed tae turn upside doon for baith o us. It wis the loons that started it. I got caad the maist affa names for ma reid hair an Ellen got caad some hellish things because o her skin. An the quines, instead o stickin up for us, jist kept quate. We thocht they wid be on oor side an help us oot bit they jist watched as the loons kept at us ivvery day.

Ellen hid it worse, I reckon. We niver thought o tellin oor parents or oor teachers. Fit wye wid we? We hid nae faith that they wid dee onything. At the time we thought we hid tae deal wi it a oorseels. Lookin back wi shood hae telt somebody aboot oor problems bit it wis really hard. Hoo dae ye begin tae explain tae an adult fit this wis aa aboot? We didna ken fit wis gan on oorseels.

There wis twa wyes o dealin wi the bullyin and the name caaing, I reckoned. Ye can fight it or ye can try an ignore an hope it gyangs awa. Well, let me tell ye, neither o those strategies worked oot for us. Me, I decided tee act the radge. I wis a reed heidded quine an reed heids hid a temper, right? So, I spat, an I scratched, an I sneaked aboot. Grabbin hanfoos o hair. Stickin ma finger up my nose an then clarten it on folk an stickin chewin gum on books an in gym shoes. I wis sleekit bit aabody kint it wis me an eventually, I hid nae pals tae ging aboot wi. Bit it didna bather me. I wis as teuch as an auld beet, bit I wid greet for hoors in the hoose.

Ellen wis sick o the insults an insinuations. The mimes an the looks. The pulled faces an the veiled threats. Jist gan fae ane class-room tae anither wis fraught wi menace. We baith began tae hate school an wi started tae miss lessons. Jist one or two tae begin wi. Jist tae gae oorsels a breathin space.

"I dinna wint tae be this person," I confided in Ellen. I wisna by nature a coorse quine. I jist winted tae get on wi my schoolwork – which by the wye, I liked. Bit it's hard tae concentrate fin ye'r constantly on yer guard.

"Try bein me," Ellen wid say. "You hiv nae idea the stuff I hiv tae pit up wi. I'm nae sure how I'm gan tae get through the next few days, niver mind the wiks an years at this school."

"They'll maybe get fed up an pick on somebody else," I wid say. Although we baith agreed that neither o us wid want tae inflict that kind o pain on ither pupils. An so it went on, for aa o second year an I jist got wilder an angrier an Ellen got mair an mair withdraan. If oor teachers noticed, they dinna say onything an oor parents jist kept askin the same lame questions: Foo is school gan? Are ye daein yer homework? Are ye happy?

Happy? Fit are ye supposed tae say ta yer mam an dad fin they ask that? "Actually, I hate my life an I wint tee run awa." Because that's fit baith Ellen an I were feelin like. Or at least, I wis. Ellen wis feelin mair like: Fit is the point o it aa? It wore us baith doon.

The only relief for me wis on the fairm. Aifter anither miserable day at school, I wid came hame, change intae ma auld claes an heid tae the parks, in the simmer or the byre in the winter. I wid spik tae the coos an calfies; I wid cuddle the lambs an feed the sickies. I wid help dad at fitiver job he wis at. Ellen wis the same. She loved the fairm animals an said she winted tae be a vet fin she grew up.

Weel, we kint something wis gain tee give an it eventually did ane Friday. Ellen hid started tae drink. Alcohol, that is. She said it helped an it made her forget aa the horrible stuff.. The aulder loons an quines got hud o booze somehow an hid pestered Ellen tae try it. Fit wye did they pick on her? I kint they made her dae aa sorts o stuff she widna dee fin she wis sober.

"Dinna tell me fit I can an canna dee!" she started saying tae me. "This gang spik tae me, an I feel good wi them."

"Ye canna mind fit ye dee wi them cos yer bleezin" I'd argue wi her.

"You're jist jealous, cos I've got pals noo, an you hinna."

I couldna believe she hid said that, I wis upset that I hid lost ma pal. So, that aifterneen I followed her an her pals as they sneaked aff tae the wids next tae the school. There wis a golf course, an the shed far they kept some o the lawnmowers an rakes an stuff wis open.

I couldna see or hear properly fit happened next bit the jist of it wis there wis alcohol an they wir eggin each other on tee drink ower much o the stuff.

"Come on Ellen, get that doon yer neck," they said. My heairt wis fair thumpin. Fit wis gan tee happen neist? Mare shoutin an cairryin on. Thumps, jeers, sweerin, crashes. It wis getting oot o hand, I could tell. An Ellen wis in the middle o it. Fit should I dee? The winda wis foo o cobwebs an stoor so I couldna see that weel bit it looked tae me as if they were literary shovin the bottle doon her throat. Fit noo? I wis fair panickin I can tell ye.

Screams. Wis that Ellen's voice? An almichty thump an then it a wint quate. Shouts an the neist thing I kint, the door is flung open an aabody is stampedin oot an heidin back tae school. Ellen wisna wi them. I could hardly breathe by noo. In aa the panic, the ithers hidna seen me, so aifter they hid skedaddled, I crept intae the shed an there wis ma bonnie cousin lyin on the fleer, her airms an legs at a funny angle, an her heid, oh God, she hid bleid coming oot o her nose.

I bent doon tae stroke her cheek. She wis still breathin, bit only jist. I started greetin. Fit wis I gan tee dae? My mind wis aa ower the place an aa I could think o wis, fit happens neist?

Efter the war memorial at Cowdry Hall

Mae Diansangu

aneath feldspar skies, twa granite eens tak tent. canny an silverin. sharp enough tae mak the stars greet. great muckle beast, ferociously still. here tae mind us nivver tae forget; his grey silence speirs at bodies passin by, " fit wyed'ye nae cairry the deid in yer teeth?" these streets are sleek wi ghosts. sloshin an slitterin a ower the livin. still, maist fowk da ken they're plooterin aboot in auld remember-ins. but the past winna dauchle past ye. mair likely, it'll ask ye in tae get drookit, an ging dookin fur memories. pale, slippery flauchts o fit used tae be, sclidder in an oot o his vision. he huds the toon's shiftin image in his jaw. a phantom map o treetaps an tramlines. great muckle beast, ferociously   still   here.

La Belle Rebelle

Sheila Templeton

I pictur yer phizog yon first time
ye saa that man-wumman, sonsie
wumman o a masculine speerit
pictur on Cumberland's rebel posters.
Gin that wis the anely likness they had
– sic a mishachelt ugly deem,
ye were safe even in the tichtest bouroch
o Hanoverian sodgers. It's nae wunner
that Chairlie caad ye his belle rebelle
bonnie quine ye wcre, Anne Farquharson.
Jist twa an twinty yeer auld, fan ye raised
the clan. Five hunner chiels ready an wullin
– yer ain fowk, yer man's fowk – an him awa
tae fecht for German Geordie.
Somewye, ye survived aathin. Hert-sair times
wi yer bonnie man; the orra eynd tae it aa
at Culloden Moor; jyle time, aye an the rale threet
o a hangman's noose – fit saved ye, Colonel Anne?
Wis it yer fair oval face, set in that lang dairk hair
or yer freens in heich places – mynd the tea pairties
in Inverness jyle? Or yer lang-heidit man landin
oan the winnin side? Mebbe yer ain speerit

jist kicked ower the theats. But fitiver it wis
there ye are, in yer Jacobite white, mirky-mou
fan the fechtin wis deen, wi the sauce tae ask
Cumberland himsel tae staan up at that Ball
but tae your chyce o tune – Auld Stuart's Back Again.

This poem is about Anne Farquharson, Lady McIntosh
aka Colonel Anne

Vadim Shysimarin

Lesley Benzie

In a grey an blue trackie
wi his shaven heid an pallor
an those bairn-saft features
he could for aa the warld
be een o the young team
fae ony deprived hoosin scheme,
on the stan for bein oot o haun
on wreck-the-hoose-juice.

Bit Vadim, at 21, is the
tank commander fa
twice refused a higher rankin
officer's order

that he tells the war crimes trial
he didnae wint tae fulfil –
He didn't want to be there,
didn't want to kill.

Bit 'nervous' that the unarmed
Oleksandr Shelipov on his mobile phone,
micht gie their faraboots awa
tae nearby Ukranian troops –

his resistance caved as the pressure
mounted tae be a sodger,
be a man, as he pulled the trigger
again an again tae the affa din
o the ither four sodgers,
in their stolen escape car,
shoutin him on.

Noo, wi his heid bowed he says,
I will accept all the measures of
punishment that I will be offered.

An he asks the deid man's wife
for forgiveness, that she disnae hiv
it in her hairt tae gie, but she dis say,
that even she feels sorry for him.

Exodus 20:3

Mae Diansangu

i worship a crude god. coorse an rough.
slick wi that auld testament kinda love.
neen o this namby pamby, turn yer
cheek so abdy can gie ye a skelp.

his love is skimmerin blackness.
suffocatin, petropatriarchal darkness
hotterin wi holy hydrocarbons.
young loons tak swimmin lessons
in it. learn tae hud their breath,
an split unner the surface.

i worship a smeekit god.
dab his muckle want
on ma wrists, ma throat, ahind
ma lugs. i ask fit wye
i'm sae powerless,

his laugh is fire on waater.

An fa telt ye, ye wis powerless?

I dinna hear his vyce, sae much as
feel it, smauldrin, ahind ma breest

yiv aywiz bin free, ma quine.
it's jist humankind is a god
factory. yer aye churnin oot
deities, then da ken fit tae
dee wi us, fan wiv grown
ower muckle an can
swalla yis.

i worship a finite god,
een fa's flock wis built
tae oot live him,
despite ettlin tae
die fur his sins

Pictur o Misery

Lesley Benzie

As these refugees sit waitin,
crammed thegither on this bus,
there's nae bleed an guts an gore.

Jist bairns-in-airms, toddlers,
skweel-kids, halflins, young
an aul adult men an weemen.

The ferocious sunlicht bleedin
through the faded pink curtains,
castin shaddas across their faces.

There's nae smiles or   ripples
o excitement at the prospect
            o leavin their hameland

prey to the ravages o war
backed bi regional
            an global forces,
fa feign interest in pourin ile
on troubled watters
file moppin up the spoils.

Though crammed thegither
       on this bus
mony hiv their een dooncast,
lost in their ain warlds o loss.

Only een bairn, o aroon four,
looks straicht intae the lens,
as if backspeirin the warld
we tak fur granted, an already
she has unlearned aat habit
we learn fae oor aul folks –
tae smile for the camera.

Seaforth Road

Del Stewart

Ahin the frosted gless oot the back
an aul mannie washes himsel.
The left airm first,
then under the richt.
It's six-forty-five in the mornin;
roostin blaikbirds hiv still tae tak flicht.

Fae ma kitchen windae,
ah watch the bleary ootline o him,
stark as the day hc wis born,
bit barely the star o his ain show.
Lukewarm flannels afore cornflakes
owerlookin the dustbins,
far nae scaffie would ivir dare tae go.

Cups o tea droon the din o daytime television,
aifter, he'll be stannin at the windae
watchin the sun sink ower Aiberdeen.
Yalla tabacca fingers,
the tick o a Bakelite clock,
then the News at Ten.

Ahin the frosted gless oot the back
an aul mannie washes himsel,
the left airm first,
then under the richt,
as he dis every ither day,
except this is Christmas Day.

An like ony ither day,
there'll be nae visitors.
Ah ken he could be me,
an he wants mair
than a new set o blinds.
Reid sky at dawn, shepherd's warnin –
seen it'll be the morn's mornin.

The Auld Mannie

Andrew Maitland

It wis a cauld, dreich October nicht in Auld Aiberdeen, wi wind an doonpoor almost strang eneuch tae tak the roofs aff the buildings, and droon the fowk bidin in them. It wis nearly Halloween, the kind o nicht that maks ye believe there really could be ghosts and ghoulies walkin aboot in yer ain toon. Blair kent fine weel that there werna ony sic thing as ghosts or ghoulies. Or zombies, werewolves an banshees fur that matter. But he also kent it was gye driech oot the nicht, an that he didna hae onything tae eat in his flat. He wis feart tae gang oot in this weather – he'd pyed a guid amount o siller for his new haircut, and there was nae wye he was gaun tae ruin it, thank ye verra muckle. But fur aa that, he kent he couldna ignore the fearsome growlin o his stomach fur too muckle langer. He peered oot the windae, sighin deeply. It was ainly five minutes tae Tesco, he couldna get that weet, surely? Summonin aa his bravery, he pit oan his jaiket and steppit oot intae the unkent.

Heid doon, he staggert forrit unner the weight o the rain. In ainly a few seconds, he wis drookit fae heid tae toe. The journey wis mercifully short, an he entert intae the safe haven o the wee shoppie. The fleer wis seepin, an wis mair like an ice rink wae aa the water splooshin aboot oan the groond. He waddled his wye tae the ready meal section, giein the meagre selection a scan. Efter judgin fit een wis the least sad luikin, he pit oot a soggy haun an pullit oot a lasagne fae the fridge. Blair trudged ower tae the coonter, jynin a line o fower ither sad souls waitin fur their scran. He finally got tae the front, an made his wye towards a loon in a blue uniform wi short ginger hair. He scanned the lasagna wioot gien Blair even a glance. The blue loon spiert Blair a few questions – dae ye hae a clubcaird? Dae ye want a bug? Dae ye want yer receipt? Naw, aye, naw. An then it wis ower. Blair turnt awa fae the peely-wally face o the ginger automaton ahint the till and marched bravely back intae the wild.

He wis almost hame fan he heard screamin an bawlin comin fae anither street. Blair walked forrit towards far the ruckus was comin fae, and peerin through the rain an mist that wis obscurin his view, he could just aboot mak oot a wheen o young loons huddled thegither. Blair thocht there must hae been aboot three or fower o them, nane mair than 17 years auld. They were aw staunnin aroond summin – or sumbidy? He couldna be sure, as the centre o their focus luiked like little mair than a bundle o soggy claithes. Movin closer, Blair could just aboot hear fit the lads were sayin clearly:

"Luik at ye, ye auld junkie. Get aff the streets."

"Dirty, dirty junkie. Ye absolutely stink min. Awa an get a shower."

"Here boys, hae a luik at the tramp's minky hat. Gie it here, tramp."

The third loon grabbit the auld mannie's hat, an threw it tae een o the ither lads. Blair could see the auld man try tae grab it back but couldnae keep up wi the youths, fa began tae toss the hat atween een another like they were playin dodgebaa. Blair was fumin seein the wye the band o loons were treatin the auld man, and marchit ower tae the boorach. He was a muckle rugby lad himsel and wisna feart tae gang straight up tae the wee gang, even though there wis three o them.

"Gie the auld mannie his hat back and get lost the lot o ye"

The boorach o boys swang their heids roond tae see far the new voice had come fae. Seein big Blair stridin towards them, they turnit roon and sized up the new loon in their midst. Een of the boys, a scrawny craitur wae a permanent smirk oan his face an broon, greasy hair, steppit forrit and glowered at Blair.

"Fit dae ye want, tubby? Why dae ye care aboot this auld tramp?"

Blair himself took a step forrit. "Because I canna staun seein a bunch o bullies pickin on a peer frail mannie. Fit's he done tae ye, eh? Youse should be ashamed o yersels."

The gang leader's smirk grew muckle.

"Aye? An fit ye gan tae dee tae stop us?"

Blair pulled oot his mobile phone an waved it in the pudgy face o the gang leader. "Am no gan tae dee onything – but my da, Chief Inspector Mackintosh tae gie him his proper title, may nae be affa blythe tae ken youse are abusin this man."

The gang leader's smirk fell. He glanced at the loons aroon him, fa were baith wytin fur him tae mak a decision. Anger flushed his face, an he grabbit the hat fae the boy tae his left fa wis haudin it. He threw it at the feet o its owner wi disgust.

"Ye can tak it – we hae better things tae dae than hangin aroond wi some stinky tramp onywye."

Wi that, the leader marchit aff wi his twa followers trailin ahint him, mutterin obscenities. The auld manny had pickit up his hat wi pale, veiny hauns, which Blair could see were shakin.

"Thank ye young een. I was a wee bit feart fan that gang o hoodlums stairted pushin me aboot an getting in ma face. Back fan I wis a young man I could hae skelpt the lot o them masel but noo…"

"Och, dinna think onything o it. I canna staun fowk like that. Absolute gypes the lot o them."

"Nae aabdy wid dae that fur a stranger! You're a good loon. Honestly, I owe ye een…"

Blair shook his heid, giein the auld man a grin. "Nae need sir. Aa in a day's work." He luiked aroon him, but the street wis absolutely deid. "Dae ye hae ony family that ye bide wi? Dinna want them worryin."

The auld man shook his heid. "Naebody. I used tae bide wi ma wife Betty – but noo am on ma ain. Ma twa bairns – well, nae really bairns – they're baith aa grown up. They baith bide in London wi their ain families. They come up a couple o times a year, which is guid o them. But it's a lang wye fae Aiberdeen."

Blair luiked at the wrinkled, droopy face o the man in front of him and could see loneliness etched in his features. He miynt weel his ain grandpa's last few years, bidin in a care hame wi ainly the telly an a bunch o residents fa were mair like zombies than livin people fur company. Blair hid seen aa the life drain awa fae him wi every visit an, by the end, Grandpa was little mair than a shadow o the man he'd been afore. Blair shuddered, a cauld draft passin through his stocky frame.

"Why dae I nae walk ye hame, eh? Mak sure ye get in ok."

The auld man's face lit up. "Aye that'd be braw! Only if it's nae bother tae you… An mibbe, gin ye hae the time, ye could come in fur a wee bit? I've a wunnerful new bottle o whisky fae the Isle o Skye I've been dyin tae try. Wid be grand tae share a glass wi ye – ainly gin ye hae the time, mind."

"Och why nae? Canna say no tae a dram." Blair pit oot a muckle paw towards the auld man. "Am Blair by the way."

"Donald. Donald Wallace." The twa shook hauns, as the rain continued tae drizzle doon. The pair walked side by side alang the cobbled road, leavin ahin them the shabby mix o student accommodation an cooncil hooses far Blair had first encoontered Donald. Suddenly, the hoosies began tae get mair and mair muckle, an Blair began tae wunner gin the auld mannie had forgotten far he bid. Wi his scruffy white trainers, tattered blue jeans an ower-sized jaiket, Blair couldna imagine Donald fittin in in this plush neighbourhood. Suddenly, Donald came tae a sudden stop. He turned at a 90 degree angle an stairted gan up the drivewye o a gye fancy hoose, wi sculpted bushes an a Bentley sittin oot front. Wi a sma siller key in his haun, Donald strode up tae the finely-paintit black door o the hoose. Blair followed ahint him, worried there had been a mistake.

"Is this definitely your hoose Mr. Wallace?"

Donald turnit his heid back tae the lanky loon tae his rear, a puzzled luik oan his face. "Is this ma hoose? Blair, ye dinna think I'd forget far I've been bidin fur the last 30-odd years, dae ye?"

Reachin the door, Donald insertit the key, and it swung open obligingly. The auld man gied Blair a cheeky grin, an gestured wi a nod o his heid tae follow him in. Oan the inside, the hoose was as grand as it had seemed oan the oot. Passin through a wooden vestibule area, they cam intae a spacious kitchen cum dining area. The floor was a patchwirk o black an white tiles, an at its centre was a large island wi a hale heap o the fanciest modern kitchen gadgets ye could get yer hauns oan. There was a massive maroon chez longue an-aa, sat afront the maist muckle telly Blair had iver set his een oan. A vast broon bookshelf crouched in the distance, wi a cornucopia o books fillin its shelves. Fur aw its grandeur, the room was a mess – it luiked like it had been a lang time syne onybody had gied it a proper clean. Blair was gowpin at aw this while Donald rummaged aroon een o the mony storage areas in the kitchen area. Like Arthur pullin Excalibur oot o the stane, Donald yanked oot a bottle o whisky fae the cupboard.

"Drink?"

Blair settlit doon on een o the plush leather chairs nestled in the corner o the room, followit by the auld man. Blair an Donald blethered awa fur ower an hour, the host lightin up like a Christmas tree wi the chunce tae spik tae anither person. Donald's bairns had baith moved doon sooth fur gye different reasons – the eldest tae become an actor oan the West End, while the younger o the twa had met an English quine fan he was studyin at Edinburgh University and had followed her doon the road. Fur mair than twenty years, he and his wife Amy had been alone thegether, livin in their ain wee blythe warld. Until the cancer had come, chewin her aw up and spittin her oot, wi nothin left fur aa her effort tae fecht it. The hoose felt empty wioot her, Donald said. Donald felt like he was little mair than a ghost livin in the shadow o their auld life thegether. Blair wintit tae say somethin, tae comfort the lonely figure afore him, but he had nae wirds tae dae so. Donald seemed tae notice a slight shade o anxiety pass ower the face o his young guest an cleared his throat, embarrassed, throwin a smile ower his crinkled face. Och, you've heard me blether oan fur too lang – best ye were gettin hame. Donald stood up abruptly, indicatin that it was time tae gang. He offert Blair his haun.

"Thank you fur aathing the nicht – yer a guid loon."

Blair found himsel back oot in the dairk, dreich nicht. The rain had stoppit, but he felt mair cauld an empty than he had fan he stept oot ainly twa hours afore. As Blair walked hame fae the almost palatial hame o Donald, he realised mair ghosts walked the streets aroon him than he had iver dreamed o.

Iss place isnae big enuch for the baith o us

Jo Gilbert

Aa cannae pretend aa dinnae see ye –
ye micht consider iss yer hame noo,
bit it is far aa sleep. Aa'm nae feart o ye,
blaikspot o ma vision, bit ma thochts are wild
an will rin amok, hurtlin scenarios at ma,
o ye coorien intae ma lug
an me, hysterical wae yer death-rattle-hum
ma trachled clasp on sanity blootered
afore aa mak it tae A&E.
Or mibbes ye'll be scunnered
wae ma snores, tak a detour
ower ma open mou, an faa in,
aa'll swallah ye, choke,
trigger an asthma attack,
nae reach ma inhaler in time,
or skite on hings aa nivver pit awa,
explode ma noggin lik a wattermelon,
reid blobs o brain jam snailin doon ma skirtin.
Aa widnae leave ahin sic a redup for freens tae fin.
Aa'm nae Buddhist, bit Karma
micht bring ma back as yer ancestor,
aa've nae desire tae eliminate ye,
it's jist that iss place isnae big enuch for the baith o us,
sae floomp! intae the hoover ye ging.

A Tod's Thoucht

Shane Strachan

I
cam scoolin
fae the cleuch,
sekan tae be hyne
awa fae jeelin snaa.
Leave ma aleen
tae berk at the meen –
I'll mak nae
reerie amo the stirks, winna
bather yer lams,
hens or cocks.
Jist lat ma lie
aneath yer lum,
the rik warmin
throu tae ma roosty tail
as snaa faas
doon ower this warld,
pinntin it fite
an smorin it hale.

Winter

George Philip

Deep winter comes in seelence, muckle flakes
Slaw tummlin doon, sae saft athoot a soun,
An seen a tap class carpet's pure fite laid
Abeen the derkened unnerfelt o airth.
Jake Frost caul caas, an uninvited tee,
Ambushin het hoose warmin fowk at nicht,
Bit still an on he leaves his veesitin caird,
His pattrened icy flooers on winda panes.
Fite curlin fingers o frozen winter watter,
Lang spikes o beauty jeelt an sherp wi threit,
Sae kythe sic jaggit, tapert taigles that hing
Thir hardened dreeps tae stob the air ablow.
A daunerin doo siks oot an idle crust,
Bit ma een are raither fixed on reid breist robin
As, hoppin his fragile feet atour the sna,
His croose an canty raik warms up the day.
Waatch winter's bairns rejoice in sledgin fun,
In snaba fechts in quasi macho mode,
An waatch growen-ups wi tichtened braith an limb
Slaw ski thir lairnin legs doon silken slope.

A Special Licht

Christina Jaffe

There's a place ye'll find aa richt,
Tho nae GPS can tak ye there.
It's atween Rattray Heid an the Loch o Strathbeg.
Ye'll ken it cos the sky sens a special licht
On the sea an the san,
Files glowrin, files cloakin aathin in a gowden sheen,
Sometimes baith at ae time,
Confusin a human wannerer on the coast,
Makin him winner,
"Is it gaan tae rain or no?"
The question bein irrelevant in this place,
Far the crownin glory is the magic symbiosis
O the sea an the land,
Nae maitter if ye're soakin weet.
The win will dry ye in nae time.
Ye'll easy ken it,
It's the place far the gannets plunge
An' a cormorant sits on a rock far oot.
Watchin somethin we canna see.
Even if the haar comes in,
Ye'll ken the place
By the silkies keenin for their mither
Or by the fragrance wafted in on the breakers
Mixin in wi the perfume o the clover aff the dunes.

Hadean Eon: 4.5 Billion Years ago

John Bolland

So ess is here – or hereaboots –
an aathing fae es pint o reference
transforms intil a pint o view.

Thi agonists are ay thi same:
space, gravity an bosons, hadrons, baryons,
electrons, photons, atoms, molecules:
fankelt in thi ding an fa o star-lives:
first thi bleeze an syne thi anvil
an ay thi greedy sook o space draws
aa intil anither tempering.

Bit ess… fit shall wi ca it? *Here.* Is
a bobbin birlin up es cotton-candy
warld fae straiks an rummels tapsalteerie. Smoor
hirplin roon a green star. Still ower haet.

Ilka Hadean day's a puckle oors
as planets clatter birthin munes,
exchangin heavier stuff aat sinks atward
thi centre o es spinnin dod aat's coolin
tae a furnace haet syne waater can condense an bile.

Minerals crystalise crack-candy scabs,
a crust aboot thi taffy dough. Rafts o firm grun
float on thi claggy lithosphere. Vast
acid deserts slitherin aboot.

*Hadean Eon : 4.5 Billion Years Ago is een o a lang sequence
o poetry, titlet Twilt, reflectin oan thi deep an thi mair recent
history o thi Deveron river catchment. Aa thi wirk is scrievit
in Doric. Hadean Eon spiks o thi period fan thi planets o oor
solar system, an in particular ess een, wir bein biggit up fae
gas an stoor.*

The New Leviathan

Alison C Skinner

We feart the muckle cleisher
that stravaiged aneth the sea
though it wis Jonah's freen
we couldnae let it be.

We huntit The Last Leviathan
the dowie fowksang says
nae conscience for its sufferin
we watched its deein days.

Noo near tae forty simmers
syne at sorra tale wis sung
an still we trawl aa craturs
that sweem the warld's lungs.

Bit a new Leviathan rises
grows bigger ilka year
It's een we barely see
an een we cannae hear.

It floats in ivvry ocean
an lurks in ilka wave
yon haddie disnae ken
its sweemin in its grave.

Jonah aet his sipper
an syne keelt ower, steen caul
fan they opened him up they foun
it wis him fa'd swallayed the whaul.

Haudagain, 8:12 am

Del Stewart

The radio plays the same sang fae yisterday,
matchin the rhythm o weary wipers
as heidlichts emit a plume
fiter than licht far intae the murk.

Ah sit en-route tae toon, slowed bi anither reid,
shielded fae the mornin gloom
a tree-shaped air freshener hingin fae the mirror.
Ah git a keek o a fluorescent shape
bobbin fac side tae side.

It's the cyclist we aa took great care tae pass –
he's the een swallayin lungfaes o toxic slipstream
                    so we dinna hiv tae think aboot
foo we got tae work or spint the skweel run.

Fan the lichts ging green, he's gied a wide berth
as vehicles scramble lik futrets doon a burrow
tae cover little mair than half a mile o this birlin Earth.
There's vans an cars an larries, bit nae a bus in sicht.

Surely he wid be better aff wae a sail
than a crank on a day like iday.
Fan ah reach the roonaboot, ah sense
an anxious side-eye fae the driver tae the richt
an the bicycle comes back intae view.

This leper clad in Lycra reminds us
we arnae daein eneuch
wae oor exhaust pipes billowin oot
whispery smoke signals o guilt,
oor heids only focused on
the caul comfort o oor commute.

Oor Grun

Kathleen Gray

The eagle fleein bane the cloods hisnae a name
fur the air aroon it except, smeddum, rare, braw.
An the rubbit, coorsin doon, fleggit bi the shadaa abin it,
        hisnae a name
fur the grun except girse, whin, hame.
The troot sweemin in the burn hisnae a name
fur waater except, sonsie, beloved, joyfu.
An the puddock in the fool muck hisnae a name
fur the hoose he'll winter in, douse and dewy, snug in his neuk.
The mountain hare, skytin ower the moor hisnae a name
fur the win fusslin past, the skite o rain dirlin aff its coat,
        the roch row o heather.
An the fox hisnae a name
fur the peaty reek o the earth, the ragged rhythm o his bleed as
        he canters.
Fit use hiv craiters fur daft names
fan grun and sky belang tae neen o us?
The craas will thieve, an the warld will birl,
ignorin us girnin, glakit, gypes.

The Hert o the Moontin

Shane Strachan

Grunite fae the hert o the moontin
clooks the backs o oor een,
lines oor young lungs.

Grunite fae the hert o the moontin
snaps oor fingars,
stumps on oor feet.

Grunite fae the hert o the moontin
faas fae the blondin,
opens oor skulls.

Grunite fae the hert o the moontin
entombs us aneath:
earth tae earth.

Grunite fae the hert o the moontin
hauds us in urns:
ashes tae ashes.

Grunite fae the hert o the moontin
staans heich abeen us:
dust tae dust.

The Win

Alastair Lawrie

The win's caal croonin owre the bents
tousles the shockheided windlestrae
like deid men's hair, aa slickit
wi the meen's sillar licht.
Thae shuffelt shadows mak it seem
girse tremmles as hands far ablow
flaggin pennants or the memory
o spears. Win blaws owre the ribs o sand
a coorse an dusty mool that gars
the deid tae lie uneasy in their lairs
an syne there comes a noiseless step,
a voice half heard fa's sibilance
sinks doon an whispers wi the sea.

Mabel

Deborah Leslie

"Bet ye canna wyte te meet her, Callum?"

Ah'm jist aboot te say somethin fin Dad hings up.

Grunny wiggles her fingirs wintin her phone back. "Wi'll haud inte Aiberdeen richt aifter supper."

She's greetin noo an squaashin ma face inte her cardigan. She ayewis greets fin she's happy. Weirdo.

So ess is it. It's finally happenin. Up in ma room, Ah lie face doon on ma bed, thinkin aboot the day Ah fun oot an aa the days aat came aifter…

* * *

"So that's wir news," Dad said.

"Excitin, eh?" Mam rummled up ma hair.

A baby! Ah cudna tak it in – it wis a puppy I'd bin needin. Mam an Dad jist sut there lookin fair trickit wi theirsels, like fit they'd said wis the maist normal thing in the warld.

"Ye're jokin ma! I'm at the Academy – ye're ower aul te hae anither bairn! So embarrassin."

"Wi didna plan it, Callum. It jist happent." Dad lookit at Mam an gid her a sappy look. His een wis aa weet – he wis greetin, actually greetin.

"Wi've bin blessed, Callum – wi aa hiv." Mam teen a haud o ma hans. "Ye're gaun te be the best big brither. Mabel's a lucky wee quine."

"Mabel? Foo div ye ken fit ye're gettin?"

"Wi hid a scan. Wid ye like te see it?" Dad pullt a bit o shiny paper fae an envelope.

The scan lookit rubbish. Nae like a photie at aa.

"She looks like she's sookin her thoom." Dad smiled. "She's a wee smasher, eh?"

Ah nod. "Fit'll ma pals say? Ye're baith like… forty."

"Yer mither's in her prime – looks like wi baith are," said Dad, puffin oot his chest.

Ah lookit awa. Thinkin aboot them makkin a baby wis cowk-wirthy.

Mam got fatter an fatter. "Ah feel like Ah'm awa te explode," she said, balancin a muckle jar o pickled ingins on her belly. She peched fin she waaked an her feet spullt oot ower her sheen. Fin she drappit me aff in the mornins, Ah'd mak her lut me aff roon the corner, feart ma pals wid see her.

The hoose got turnt upside doon. "Wi'll need te pack up ess lot," said Dad, meevin the pool table, ma PlayStation, an the dartboord oota the spare bedroom, "Ah'm gaun te try ma han at a flamingo mural." Ah hid ma doots he wid munage aat, bit Ah held ma tongue. Ah gid Dad a han wi pittin up the cot, an the games room turnt inte Mabel's nursery.

"Ess new addition's costin an airm an a leg." Mam came in humphin a big pack o nappies.

Mam gid back doonstairs an Ah wound up the mobile abeen the cot. The circle o stars turnt roon an roon an played a crappy tune. Ah lookit aroon at aa the stuff. Nae money fir me te get a new game fir ma Playstation, bit plinty fir the new baby aippairently. Naethin bit the best fir wee Mabel.

* * *

The gairden gate groans an Ah'm aff the bed an ower at the winda. Here's Granda comin back fae the Coapy wi a bug o butteries, a carton o milk, an a paper aneth his airm.

"She's here! Aathin's fine an they're baith deein great," Grunny shouts the news at Granda afore he's even shut the door. "Sivven pun exactly."

Jenna fae across the road's stannin at her bedroom winda. Wi've kent een anither since Primary, an her mam an my mam are best pals.

Wull Ah wave at Jenna? Na. She's still on ma Socials, bit Ah dinna ken if she's spikkin te ma in real life. Ah get aathin wrang an noo Ah only see her in English an History.

Grunny's spikkin again. Ah open the door te hear better.

"Callum's upstairs. Ah think his nose is a bit oota jynt."

My grunny an granda's magic. Ah'm their only grandchild. Weel, Ah wis till Mabel arrived. Ah'm glaid the new baby's a quine cause Ah'm ma grunny an granda's best loon. Bit fit if they like Mabel mair than me?

Thud. *Thud*. *Thud*. Granda's beets on the stair.

"Foo's tricks, Callum. Gey big news, eh?" He sits doon on the bed an pulls ma inte his bosie. His jumper's waarm an ricky an Ah ken he's bin haein a sneaky fag. Mebbe the special chuddie he taks te stop him smokin isna wirkin. Ah hope he munages te gie up cause he coughs sometimes an he's auler than maist folk's granda.

There's a raa o toy sodgers on a shelf abeen ma heid. They eesed te bi Granda's an noo they're mine.

"Catch!" He raxes oot, grabs een o the tin mannies an tosses it inte ma hans.

Granda disna wirk noo – he ayewis his time te listen an Ah can tell him nearly onythin.

"Ye ken ye'll ayewis bi my wee sodger an yer Grunnie's best

loon," he says like he kens fit Ah've bin thinkin. "An Ah ken yer mam an dad hiv bin busy wi gettin aathin riddy, bit it disna mean they think ony less o you."

"Aye, Ah ken aat." Granda's takkin it ower far noo an Ah'm gettin affrontit. Ah dinna wint te look at him, so Ah pick at the sodger's green an reed pint.

Granda taks a puckle o sookin sweeties oota his pooch an wi jist sit crunchin fir ages. Ah ken he's giein ma a chunce te say somethin else, bit Ah'm nae sure fit he wints te hear.

"Are ye lookin forrit te seein Mabel?" Granda aims his sweetie paper at the bucket.

"Aye."

"So fit's botherin ye?"

"Naethin."

"Granda te Callum." He chaps his knuckles against ma heid. "Fit's gaun on in there?"

"Aathin's gaun te bi different." The wirds tummle oot. "Fit if Jamie disna wint te come roon onymair? Jenna says she wis aat her cousin Leanne's hoose an her baby did a massive jobbie thit gid aa up his back an wis totally stinkin."

"Jamie's yer best pal. An Ah dinna think the odd stinky hippin'll keep onybody awa." Granda lachs. "So…fan'll Jenna bi comin te meet oor new nappy-filler?"

"Da ken." Ah shrug ma shooders.

"Ah hivna seen her fir a filie – hiv you twa faan oot?" Granda tilts his heid. He looks like he's nae gaun onywye, so Ah better jist tell him.

"Myn three Setterdays ago fin Mam said Ah cud ging inte Aiberdeen wi ma pals?"

"Wis aat fin ye gid te the pictirs?"

"Aye, bit fin wi got there, aabody else wintit te ging te Nando's, bit me an Jenna wintit te see the film, so wi gid in wirsels. Fin wi cam oot, aabody wis sayin it wis a date fin it wisna."

"Did ye wint it te be a date?"

"Aye. No. *Ah dinna ken…* she disna even ken Ah like her like aat. Foo div ye tell a quine ye like them?"

"Ah myn there wis ess lassie at the skweel Ah really funcied. Ah termintit the life oota her – pullin her ponytail an kickin the back o her cheer."

"Did aat wirk?"

"No."

Wi baith lach an Granda says, "So fit happent?"

"Naethin. Wi hid English first thing on Monday mornin an Ah didna spik till her."

"Fit wye nae?"

"Ah cudna. Ah teen a reeder an Ah wis feart she'd see it, so Ah jist lookit oot the winda. An noo she thinks Ah dinna like her."

Granda nods an gies ma a look like he totally gets it. "It's nae easy bein your age, bit, ken ess, it mebbe seems bad jist noo, bit things usually hiv a wye o jist wirkin oot."

"Fa funcies a chipper?" Grunny's heid appears roon the door.

"Ayewis!" Granda's on his feet.

"Can wi nae hae a Domino's insteid?" Ah gie him ma best smile.

"Nae chunce. Div ye think Ah'm made o siller?"

Hauf an oor later, here's us aa roon the kitchen table. My Granda's a total legend – fish suppers fir him an Grunny an a great muckle pepperoni pizza wi stuffed crust fir me. He's ayewis deein stuff like aat – he moans fin the ice-creamer comes, bit then he gies ma a fiver fir nae reason.

"Wi'll get ess lot polished aff an haud inte the hospital." He shaks the reed saace an splooters it inte the lid o the polystyrene box.

Ah look at him hammin inte his chips an Grunny sittin pickin the batter aff her fish, an Ah canna help winnerin if wi'll ivver dee ess again – jist me, Grunny an Granda.

Wi drive doon throwe the toon.

"It's nae like it wis fin I wis a loon." Granda's girnin again. "Aa ess young eens hingin aboot lookin fir trouble."

Mac and Johnnie fae my year are ootside the freezer shop. They're shoutin an showin aff te a crowd o youngir quines, deein powerlifts wi a bollard aat's bin knockit doon in the car park. An here's me in in the backseat o ma granda's slow-mobile wi its air freshener tree hingin fae the mirror an the tartan travellin rug on the back seat, ma street-cred aboot as non-existent as Granda's hairline. Ah slide doon till Ah'm oota sicht. Fit wye can he nae ging on the bypass like aabody else?

* * *

"Ah canna myn the last time Ah wis in the Mattie." Grunny's hich an she's fleein on in front textin Dad fir directions. The hospital stinks like cleanin stuff an the fleer is so shiny it looks weet. Ma trainers an Granda's beets *squeak, squeak, squeak* as wi try te catch up.

The double doors open an the ward's on the ither side.

Dad stans up an waves fin he sees us comin. He gies Grunny an Granda a bosie. Ah'm last cause Ah'm hingin back.

Mam's still fat. She looks tired, bit she's smilin an pattin a space on the bed.

Mabel's lyin in a plastic cot. A wee bunnle o blunkets an little girny souns.

Ah dinna ken if Ah wint te sit doon or no, so Ah jist stan there feelin aakward. Bit then Mam hauds oot her airms an Ah loup inte them.

"Ye're chokin ma!" Ah say, even though Ah'm likin it fine.

Dad lifts Mabel an she gets passed aroon like a parcel.

"Yer sister's really excitit te meet ye." Mam hauds oot a plastic bug. "She's got somethin for ye."

Ah ging alang wi it – Mabel canna even spik so she definitely hisna bin te the shops. Ah play it cool an peel back the corner o the wrappin paper. "Wow! Cheers, Mabel." Ah canna believe it – the newest FIFA game's keekin oot at ma.

"Wid ye like te haud her?" Dad taks Mabel aff Grunny an gies her te me. "Waatch her heidie," he says, "haud it like ess."

So here's me haudin ma sister. Ah've got ae han aneth her heid an her wee waarm bum's sittin in ma ither een. She disna smell bad at aa, an Ah hiv te admit Ah like her – *really like her*.

Dad taks a photie.

"Send it te my phone, please," Ah say, showdin Mabel back an fore. Een o her hannies comes oot aneth the blunket. Ah tickle her palm an her fingirs curl roon mine.

"See aat Callum – she likes ye." Granda grins.

"Ah think she dis." Ah try te pull awa bit she's aye grippin.

Ma phone pings.

Jamie's checkin in te see if wi're still on for FIFA at mine. Wyte till he hears Ah've got the new een.

Anither ping.

Jenna's sayin she canna wyte te come ower an see the new baby.

Ah'm messagin the photie o me an Mabel. Add a caption: *Comin hame imorn. x*

Ah'm nae sure aboot the x. Delete. Smiley face insteid.

Granda's mebbe richt an aathin is gaun te wirk oot jist fine.

Three dots. Jenna's typin…

A thoom. A hairt. A big X.

Result.

The mornin o the waddin

Jo Gilbert

Gads min. Cannae thole at nigglin truth. Feels lik aa hae a golf ba wae razor blades stickin oot o it lodged in ma thrapple. Err's a scrum in ma gut, a stramash o conflictin emotions haein a game o nae rules rugby, aa beets an elbas, makkin ma want tae spew.

No Unty Annie, aa dinnae want a wee nip, it's six o clock in the flippin mornin. An besides, am nae auld enough!

Fit kin o sadist gets up it iss time? She's maist likely nae been tae her bed. Nae doot she'll be fu bi the efterneen, face doon in her denner. Ma peer Uncle Alan gein her the side een, silently mortified, bit plottin aa the wyes he mecht kill her an get awa wae it afore the hoolie at necht.

Aa've nae idea fit wye folk get married onywye. Maist couples here hate een anither, spend the day gettin as much drink doon their neck as possible tae dull the pain o a bad decision made twinty year ago. Cannae even spend a hale day in each other's company athoot gettin wrecked. It's funny watchin the facades crack as the day gings on.

An they're ay on at me

"Ooh fan are you gettin married?"

Aa'd love tae be blunt. Flick ma hauns towards the miserable pair an say

"Eh, nivver, if you eens are ony example. Sack at like."

Bit aa dinnae, aa jist pit ma heid doon an say nithin. Aa kin see them judgin ma cos am wearin a suit. Am sae gled ma pals are mare tolerant cheels. Let ma wear fitivver am comfy in. Nivver made a big deal aboot ma comin oot as non-binary. It wis kinda obvious onywye, bit naebdy ooted ma afore aa'd a chunce tae suss it oot masel.

Wae aa at in mind, am still switherin. Should aa say summin? Questions flap aroon ma heid lik feart doos.

It's oor late noo is it nae?

Fit'll sic an sic hink?

Fit if she disnae believe ma?

Aa wish ma Grunny wis here.

She'd say "Yer askin yersel the wrang questions quine. Fit kin ye live wae? It's you fa his tae pit yer heid on the pilla at necht an sleep."

Aye, summin wise, alang at lines.

"Tak it back tae yersel" she'd say.

The unswer isnae easy. Either wye, aa'll be the baddie that wrecked the dream day. Aa hink the question aa need tae ask masel is 'Am aa willin tae lose her recht noo, or later doon the line, fan she finds oot for hersel?'

It's a gamble, bit aa might hae a chunce if am honest fae the stairt. Aa swalla the golf ba, maistly tae massacre iss rugby match still gan on in ma belly. Decision made. The door swishes open an aa swatch baith wyes afore pacin doon the recht lobby. Aa hope.

Biographies

Lesley Benzie has 2 poetry collections, *Sewn Up* and *Fessen/Reared*, and is a collaborator in the 3 poet collections, *Wanderlust Women* - Seahorse publications and *Norlan Lichts* - Rymour Books.

Sheena Blackhall is a writer in North-East Scotland. In 2009 she became Makar (poet laureate) for Aberdeen and the North-East, and Makar for the Doric Board in 2019.

John Bolland is a writer & artist based near Huntly. His work has been widely published and his two collections – *Fallen Stock* (2019) and *Pibroch* (2022) are available from Red Squirrel Press. His current project – *Twilt* – explores the deep history of Strathdeveron.

Douglas Cameron is currently studying for an MLitt in Creative Writing. Originally from Aberdeen, grew up knowing Doric in the Aberdeen form and in its other form, from 'the country'.

Mae Diansangu is a poet and spoken word artist from Aberdeen. She has been commissioned by The National Library of Scotland, Aberdeen Performing Arts and Fringe of Colour Films. Her work has been featured on BBC Big Scottish Book Club and BBC Radio Four's Tongue and Talk. Mae writes in both English and Doric.

Jo Gilbert is a spoken word artist and writer based in Aberdeen, who writes in Doric and English. Jo has won multiple slams, performed all over Scotland and is the current Oooh Beehive UK Slam Champion. Jo's debut poetry collection WTF is normal anyway? was published in August 2022 with Seahorse Publications, and her work has been widely published in magazines and anthologies, including Causeway/Cabhsair, Northwords Now and Beyond the Swelkie, as well as being featured at Edinburgh Book Festival in 2022 and on BBC Radio 4.

Kathleen Gray was born an brocht up in the North-East an is passionate aboot Doric. She jist enjoys writin poems on the things she cares aboot.

Brian P Innes grew up in Kemnay and is a retired School Teacher. He's written for Leopard Magazine and 2 books: A Book for Kemnay, and Doric for Abidy. Brian's first Award was a Doric TV Challenge.

Christina Jaffe wis born an brocht up in Aiberdeenshire. Efter spennin maist o her workin life teachin English in Germany, she retired in 2011. She still dreams in Doric.

Alastair Lawrie lives in Stonehaven. His poetry and short stories have been published in "The Interpreter's House". "Lallans", "Poetry Scotland", "Northwords Now", "Pushing Out The Boat" and "The Poets' Republic" and the Scottish poetry Library; he coedited the Scottish sea anthology "A Glimmer Of Cold Brine"; he won the William Soutar Memorial Prize in 2016. He runs weekly creative writing sessions for the Mearns Writers collective in Stonehaven.

Dr Dawn Leslie is a Lecturer in Scottish Language & Linguistics at the University of Aberdeen. Her research primarily focuses on the North-East and the Doric dialect. As a former secondary school teacher, her main outreach endeavours are centred on improving effective engagement with Scots language in schools.

Deborah Leslie is a writer from Inverurie. A former Scottish Book Trust Reader-in-Residence for Aberdeenshire, she is the author of three short story collections written entirely in North-East Scots/Doric.

Andrew Maitland is 29, from Aberdeen, and has been living in London since 2018. He is a civil servant but also a published author, having self-published the novel 'Unbearable Freedom'.

Lorraine McBeath is a mother and Pupil Support Assistant at Nairn Academy. Both of these roles have given her an insight to the trials and tribulations of teenage life.

Rhona Mitchell runs a drama school in Inverurie which celebrates its 40th anniversary next year. She lives with her husband and has three daughters. She has never had any writing published.

Hannah Nicholson graduated MLitt with Distinction in Creative Writing from the University of Aberdeen and is a former winner of the Scottish Book Trust New Writers Award.

Paul Nicol is an Aberdeen born photographer and printmaker with a passion for visual storytelling, nature, and temporality.

Kimberley Petrie is an Aberdonian performance poet and writes in Doric and English. Her work has been published by Leopard Arts and Dreich. In 2021, she was commissioned by Aberdeen Art Gallery as part of the micro-commission exhibition and her debut poetry collection 'Granite Heart' was published in 2022 with Seahorse Publications.

George Phillip, age 85 is Huntly born. Since retirement, he's authored 10 buiks, seven in his first tongue North-East Scots. George his een mair in Scots ats printer ready. He's nae deid yet.

Adeline Reid is a retired District Nurse Midwife, founder, and chairman of Keith Cancer Link for 40 years. Passionate about speaking the Doric in all walks of life during her nursing career.

W.F Robertson is a retired Deeside resident who inherited a fondness for the vernacular and all things related to rural living, past and present, from his parents in west Aberdeenshire.

Gillian Shearer is a poet and writer living in the North-East of Scotland. She won a New Writers Award in 2021 through the Scottish Book Trust.

Alison C Skinner is an Aberdonian, long resident in Moray. She combined a legal career with writing commissioned Doric poetry and very amateur folk musician (formerly of The Ga'anaboot Folk), keen to preserve and promote Doric.

Del Stewart is a writer and teacher based in Argyll and Bute. He grew up in North-East Scotland and studied English and Scottish Literature at the University of Aberdeen.

Shane Strachan is the National Library of Scotland's current Scots Scriever, writing new work in Doric inspired by the national collections. As well as a novella, *Nevertheless: Sparkian Tales in Bulawayo* (amaBooks), his stories and poems have been published in *New Writing Scotland, Northwords Now, Gutter, Stand* and other national literary magazines and anthologies. He has staged work with the National Theatre of Scotland and, following the award of a SBT Robert Louis Stevenson Fellowship in 2018, he exhibited his spoken-word project *The Bill Gibb Line* in Aberdeen Art Gallery across 2020–2021. He lectures in Creative Writing at the University of Aberdeen where he graduated with a PhD in Creative Writing in 2015.

Sheila Templeton comes from Aberdeenshire. Her latest full collections are *Gaitherin* 2016, *Clyack*, 2021 both Red Squirrel Press, and *Norlan Lichts,* Rymour Books, 2022, a collaboration of poems in Doric.

Evelyn Wood grew up on a farm near Kintore, taught in primary school for 6 years and in 2020 retired after working 30 years for the Aberdeen Blood Transfusion Service.

Acknowledgments

Thank you to our project partners: The Friends of the Elphinstone Institute, The Elphinstone Institute & Aberdeen City Council Creative Funding

Jackie Ross and Aaron Gale from Doric Books

Doric Books is a community interest company set up to support North-East culture, especially the Doric (North-East Scots) language. We do this through publishing books written in Doric and through community engagement activities. Our main goal is to promote the use and enjoyment of Doric in homes, schools, and communities across the north-east and beyond.

For project support & evaluation, finance admin, and project management: Simon Gall, Tom McKean, and Alison Sharman at the Elphinstone Institute

Jo Gilbert

John Ledger from the Friends of the Elphinstone Institute

Anthology panel:
Sheena Blackhall, Mae Diansangu, Jo Gilbert, Shane Strachan

Companion pamphlet for schools compiled by:
Dr Dawn Leslie

For a copy of the companion pamphlet for schools, email:
jogilbertwriter@gmail.com